あいさつ・しきたり・
四季・ことわざ

味わい、愉しむ
きほんの日本語

齋藤 孝

実務教育出版

はじめに

「日本人」というアイデンティティを見直す

日本の伝統的な習慣やたしなみを考えるときに、キーワードになるのは「日本人」というアイデンティティです。

アイデンティティとは、自己の存在証明です。自分は何者であるのかを認識すること、あるいは心のよりどころと言ってもいいでしょう。

「私は○○人だ」「私は○○県出身だ」「私は○○高校出身だ」「私は○○家の長男だ」「私は○○の師範だ」「私は○○で全国大会に出場した」「私は○○が得意だ」などと、自分が何者であるかを認識することです。それが、生きていくうえでの張り合いとなります。

誰もが、いろいろなアイデンティティを持つことによって、自分自身の心の軸をつくっています。もし、自分のアイデンティティがわからなかったら、心の軸が持てずに〝生きる張り〟も失われてしまうでしょう。自分の持っているアイデンティティを一つひとつ確認しながら生きていくことで心がしっかりします。

たとえば、「○○高校出身」「○○県出身」という共通項があれば、心のよりどころをその人と共有している感覚になります。スクールカラーがはっきりとした学校の卒業生同士なら、その学校の理念をある程度共有しているでしょう。同郷の人とわかったら、同じ土地で生まれ育った親しみを覚えます。


日本人であることを私たちは認識し、心のよりどころにしています。

では、私たちが持っている「日本人」というアイデンティティとは何か——。

私は、「日本人」というアイデンティティは「日本語」とセットであると考えます。日本語でコミュニケーションをとるからこそ、日本人という共通項を認識できるからです。日本語がなくなると、日本人のアイデンティティは大きく揺らぎます。

たとえば、両親が日本人であっても外国で育って日本語をまったく話せない人は、日本人としてのアイデンティティを当たり前のようには持ちづらい。いっぽうで、両親が外国人でも日本で育って日本語を話している人は、容姿に関係なく日本人だなと感じます。

なぜなら、「日本語を話せる者同士だからお互いにわかりますよね」という感覚があるからです。それは、「日本語」が私たちの感性のおおもとになっているということです。

日本人がこれまで培《つちか》ってきたならわしや、たしなみ、心づかい、人づきあいのマナーなどの行動習慣があります。それらは日本語でのコミュニケーションを経て共通理解を得ることができます。まさに〝日本語なくして日本人なし〟です。

日本語に限らず、言語とアイデンティティは強い結びつきがあります。たとえばアイヌ語は、アイヌの人のアイデンティティの核心であり、アイヌ的世界観そのものです。

日本固有の文化・精神を心身に定着させる

本書では、私たち日本人が日々の暮らしのなかで培ってきたならわしや、たしなみ、日本の四季のうつろい、生きていくうえで支えとなることわざ、人としてありたい生き方を伝える日本語を紹介します。いずれも、先人から受け継ぎ、醸成してきた〝日本人らしさ〟です。

近年はインターネットの発達によって世界中が一瞬にしてつながります。たとえば最近、日本で１９８０年代の歌謡曲が話題になるや、またたく間に国内外から絶賛のコメントが寄せられました。これだけ世界がつながると、固有の文化を持っていることが強みになります。固有の文化がなくなり、世界中が全部同じようになると、まったく面白みのない世の中になるでしょう。

本書で紹介するさまざまな〝日本人らしさ〟は、世界に誇れる日本固有の文化です。ところが現代の日本社会においては、ライフスタイルや社会環境の変化により、こうした日本人らしい習慣の多くが忘れられつつあります。

そこで、本書においてそれらを再確認し、個々の「日本人」というアイデンティティを確かなものにしてはいかがでしょうか。

私は四十年来、体と心のあり方について研究しています。そのなかで、勉強でもスポーツでも、そして文化・精神においても、よりどころの大切さを繰り返し実感しています。繰り返し実感することで「量」が「質」に変わります。

つまり、量をこなしたとき、それが心身に定着するということです。私はこれを、「経験がワザになる」という意味で〝ワザ化〟と呼んでいます。

たとえば、宮澤賢治の『雨ニモマケズ』を暗記するほど繰り返し音読すれば、一文一文に描かれている、人として芯のある生き方が身につきます。あるいは野球のバッティングでは、正しいフォームで繰り返し素振《すぶ》りをすることで、ボールをバットの芯《しん》でとらえるフォームが身につきます。

同様に、日本人らしい習慣においても、その意味を理解し、繰り返し実践することで習慣が自然に身につくのです。

たとえば「履物《はきもの》をそろえる」というのは、日本人らしいよい心がけです。正しい靴の脱ぎ方やそろえ方を覚え、いつも繰り返していれば、それが自然に身につきます。そうなると靴をそろえていない場面に遭遇すると、胸がザワザワするほど気持ち悪く感じられるものです。

あるいは、端午《たんご》の節句には子どものころから必ず柏餅《かしわもち》を食べていたのに、大学生になり親元を離れたことで柏餅を食べそこなうと、寂しさを覚えるかもしれません。それは、伝統が身体化されて自分の一部になっているということです。

日本語・日本文化は、歴史的に中国の影響を受けています。日本流にアレンジして取り入れた先人の感覚にも目を向けてください。

本書をとおして、先人から受け継いだ「日本人らしさ」を再発見してください。

齋藤 孝

あいさつ・しきたり・四季・ことわざ
味わい、愉しむ
きほんの日本語

目次

パート2 「ハレ」の日

第2章 ことわざ

人生

人間性

社会生活

日常

自然・文化

第3章 日本の四季

第4章　生き方

第1章

日本人の心づかい

この章では、「礼儀正しい」「ルールを尊ぶ」「誠実に生きる」「信心深い」といった日本人の長所といわれる個性のルーツを再認識していただきます。

私たち日本人が古来共有している、忘れたくない心づかいや、たしなみを四つのパートに分けて紹介します。

パート1　人づきあい

私たちは日ごろから円満な人間関係を築くために、思いやりの心や惻隠《そくいん》の情《じょう》（同情する心）をもってまわりの人たちと接しています。日本人はあいさつをとってみても、「ごきげんよう」と相手の健康状態を気づかったり、「おかげさま」と相手に感謝する気持ちを忘れません。

また、年賀状や暑中見舞いのように、いまではちょっと面倒に思える習慣も、eメールの「明けおめ」「ことよろ」ばかりでは寂しく感じるものです。時代の変化のなかにあっても、〝心を伝える〟ということを意識していれば、年賀状も暑中見舞いも残るのではないかと思います。

パート2　「ハレ」の日

日本では古来、ふだんどおりの日常を「ケ（褻）」、お祭りや年中行事・人生の節目の日を「ハレ（晴れ）」と呼んで、日常と非日常を使い分けて生活のバランスをとっていました。日常生活の軸である「ケ」の日を、ていねいに地に足をつけて過ごすことが大事なことで、そのために「ハレ」の日は切り替えて、お祭り的な気分で非日常を過ごす、このメリハリが人生にうるおいを与えてくれます。

いまでも、「晴れの舞台」「晴れ着」などのように、人生における大切な場面やそこで着る衣装として「ハレ」の言いまわしが残っています。

そんなハレの日が一年に何度もあります。私が子どものころは、ハレの日には大勢の親戚が集まり、とても楽しいものでした。それでも、なかには鬱陶《うっとう》しい人間関係もあるわけですから、集まるたびに憂鬱《ゆううつ》になる人もいたかもしれません。いまではハレの日のたびに親戚が集まることも少なくなりましたから、そのような面倒くささもなしに、いいとこ取りをして、身近な人たちでハレの日を楽しめばよいのではないかと思います。

パート3　身につけたい心がけ

子どものころに身につけておかなければ大人になってから苦労する日常のふるまいのひとつに箸の使い方があります。箸の持ち方はもちろんですが、〝嫌い箸〟といわれる「寄せ箸」「ねぶり箸」などは、大人になってからは誰も注意してくれません。箸を自在にコントロールできることは、自己コントロールにもつながります。この機会に身につけておくとよいでしょう。

また、大人であれば覚えておくべき常識的なマナーもあります。上座《かみざ》・下座《しもざ》はその代表といえます。宴席などではもちろんですが、エレベーターやタクシーでも上座・下座があります。ほかにも、お辞儀の仕方や和室での作法もあります。

これらのマナーを覚えるのは努力が必要ですが、自分のものにできていると余計なことを考えずにスマートにふるまうことができます。

パート4　神仏と日本の暮らし

「特定の宗教を信仰しない無宗教者である」「神の存在を認めない無神論者である」

第1章 日本人の心づかい

――信仰について問われて、このように答える日本人はけっこういると思います。

しかし本当のところはどうでしょうか。無宗教とは言いつつも、神仏に手を合わせることによって心が安らぐ人は多いのではないでしょうか。古い家であれば神棚や仏壇はたいていありますし、何かあるたびにそれを拝むでしょう。また、正月に神社仏閣に初詣《はつもうで》に行くことが年中行事になっている人も多いと思います。

その意味では、無宗教、無神論にかかわらず、日本人の多くは神仏に手を合わせることによって自分をとりもどしているのではないでしょうか。

また、古来日本人には「穢《けが》れを浄《きよ》める」という考え方が浸透しています。人生の節目や家を新築するときに、神主さんにお祓《はら》いしてもらうことで、穢れがなかったことになるという考え方です。科学的に考えると、お祓いの効果ははっきりしません。しかし、お祓いをしてもらうと気持ちが楽になるものです。

自分は何ごとにも動じない強いメンタルを持っていると自信を持って言えるならまだしも、現代人の多くはそれほど強いメンタルを持ちあわせていません。ですから縁起担《かつ》ぎとして適度な範囲で、神仏と調和する日本の暮らしを思いだしてみてはいかがでしょうか。

パート1

人づきあい

あいさつ・お辞儀

日本人は、あいさつやお辞儀の表現が多様です。
それは、持って生まれた相手への繊細な
気づかいのあらわれかもしれません。
近年、地域コミュニティは衰退傾向にあります。
個人情報の問題もあり、
近所づきあいそのものが
難しくなっているのでしょう。
とはいえ、同じ地域の住民同士、
協力が必要な場面もあるでしょう。
隣人を見かけたときには、
会釈だけでなく、笑顔であいさつすることで
心を伝えたいものです。

おはようございます・こんにちは・こんばんは

「おはようございます」「こんにちは」「こんばんは」――日常で何度も口にするあいさつです。「こんにちは」「こんばんは」と書くのになぜ、「こんにちわ」「こんばんわ」と発音するのでしょうか。

漢字で表記すると「今日は」「今晩は」となります。「こんにちは」は、そもそも「今日はご機嫌いかがですか」を省略して使うようになった言葉です。

「こんにちは」とあいさつするときに、心のなかで「今日はご機嫌いかがですか」という気持ちをこめることで、相手と心がかようでしょう。「こんにちは」「こんばんは」は、目上の人に対

しても失礼にならずに使える言葉です。

お辞儀

ふだん私たちは、あいさつするときにお互いにお辞儀をします。お辞儀は日本人らしい文化のひとつであり、お辞儀の仕方がきれいな人はそれだけで素敵な印象を持たれます。

お辞儀は、相手に対して敵意がないことを示すとともに、相手への敬意や感謝をあらわす意味があります。

ちょこんと頭だけ下げたり、何か別なことをしながらお辞儀したりすると元の意味から離れてしまうでしょう。

私がお辞儀をするうえでもっとも大切だと思っているのは、あいさつの言葉と同時にお辞儀の動作はしないことです。武道をたしなむ人ならご存じだと思いますが、相手の目を見て「あいさつ」、それから「お辞儀」の順です。これを語先後礼《ごせんごれい》（「先に言葉、次にお辞儀」の意味）といいます。

お辞儀を同時におこなうと、相手の足元を見て「こんにちは」と言うことになります。

語先後礼を知るだけで、ずいぶんきれいなお辞儀になりますから、やってみてください。

ごきげんよう

ふだんあまり耳にしない言葉ですが、出会ったときや別れぎわに用いるあいさつです。「ご機嫌いかがですか」「ご機嫌よくお過ごしください」と、相手の健康を気づかい、無事を祈る気持ちをこめて言います。

そもそもは宮中の女官《にょかん》の間で使われていたようです。そのせいか現在も上流階級の女性が使う言葉というイメージですが、いまは身分も性別も問わず使って問題ありません。

そして昼夜の区別なく、出会ったときも別れるときも使える便利なあいさつです。

「ごきげんよう」への返しは、「ごきげんよう」でよいのですが、「こんにちは」「さようなら」と言っても大丈夫です。

ありがとう

感謝し、お礼を言うときに用いますね。「ありがとう」を漢字で書くと「有り難う」となります。

「有ることが難しい」の意味で、本来は「めったにないことだ」「珍しく貴重だ」ということをあらわす言葉です。

本来は、仏様の慈悲に感謝する宗教的な意味で用いられていましたが、それがいつしか一般

的な感謝の表現として広まりました。

「ありがとう」は、どのような場面でも人間関係を円滑にしてくれる感謝の言葉です。

ほんのちょっとしたことでも、ふだん当たり前にやってもらっていることに「ありがとう」と言えば、相手はうれしいものです。そして、ともに笑顔になれます。

おかげさま

「おかげさまでうまくいきました」「おかげさまで娘が大学を卒業しました」というように、誰かに何かをしてもらったとき、ものごとがうまく進んだときに感謝の意味をこめて用います。

「おかげさま」は、神仏のご加護といったはかり知れない大きなものに恩恵を受けていることへの感謝の言葉に由来します。

「お元気そうですね」と言われて、「おかげさまで健康に過ごしています」と返すのは、相手が私の健康を祈ってくれていることに対して感謝の意味になります。

いっぽうで「おかげ」とは、善悪にかかわらず、「それが原因で」「その影響を受けて」といった意味でも使われるため、「おかげで遅刻してしまった」のように使うとネガティブな印象を与えてしまいます。

お互いさま

両者がともに同じ立場や状態に置かれていることを「お互いさま」といいます。

自分がお礼を言ったとき、相手から「お互いさまです」「困ったときはお互いさまですから」と返ってくると、この人と私はつながっているんだなぁと安心感を持ちます。

助けられたり助けたり――現代社会に求められているのは、お互いさまの精神ですね。

ねぎらい

「お疲れさま」「お帰りなさい」「いつもありがとうございます」「大変でしたね」「頑張っているね」「本当に助かったよ」「さすがだね」「すごいね」……。

ねぎらいの言葉は、元気をもらえますね。

「労《ねぎら》う」とは、相手の苦労や骨折りに対して感謝し、相手をいたわることです。

ビジネスでもプライベートでも、誰かからねぎらいのひと言があれば救われた気持ちになります。

上に挙げたように、さまざまなねぎらいの言葉を用意しておけば、その状況や立場によって使い分けることができますね。

出会い・近所づきあい

いい出会いがない――
そんなことを言う人がいます。
そうでしょうか？
私には、一人ひとりとの出会いを
大切にしていないのではと感じます。
地球上には80億もの人が暮らしています。
そのなかで、
自分が出会えるのは、ほんのひと握りです。
それほど奇跡に近い確率なのですから、
もっとご縁を大切にしたいですね。

一期一会《いちごいちえ》

「一生に一度かぎりの出会い」という意味。

茶道の心得である「一期に一度の会」から出た言葉です。

茶道において、お茶を点《た》てる亭主も、いただく客も、一生に一度の出会いであると心得て、誠意を尽くす心構えを説いています。

「一期」とは、もともとは仏教語で、「生まれてから死ぬまでの間」を意味します。

私たちの人生においても、生涯にただ一度会うかどうかわからぬほどのご縁であるから出会いがいかに大切か気づかされます。

かけがえのない出会いと心得て、出会いを喜ぶ気持ちがあれば、なおのことよい出会いになると思います。

向こう三軒両隣

自分の家と向かいあう3軒と、隣りあう2軒のこと。あるいは、親しく交際する近くの家をいいます。

かつて家の前を掃除するときは、自分の家の前だけでなく、向こう三軒両隣の範囲まで意識して掃除するものでした。ご近所が何かと助けあってきた日本の古きよき習慣です。

私は昭和35年（1960年）、静岡県の生まれですが、子どものころは隣の家と醤油や味噌の貸し借りがありました。また、ご近所の家に遊びに行って、気がついたら夕食までいただいていることもよくありました。

そんな昔ながらの地域コミュニティがすべてよいとは思いませんが、現代社会にあっても「向こう三軒両隣」の、助けあいの精神をときどき思いだしたいものです。

引っ越しそば

引っ越し後にご近所に配る「引っ越しそば」の始まりは、庶民の食べものとしてそばが普及した江戸時代中期ころといわれています。

「おそばに越してきましたのでよろしくお願いします」「（そばのように）細く長くおつきあいください」という洒落をきかせたあいさつの手《て》土産《みやげ》です。

配る範囲は、向こう三軒両隣を基本としていたようです。

近年はタオルなどの日用品やお菓子を手土産にする人も多いようです。配る範囲も、集合住宅なら生活音の心配もあるので、両隣と上下階へ配るのがよいでしょうか。

また、本来の意味とは違いますが、引っ越してきた本人たちが新居でそばを食べることが新習慣として定着しつつあるようです。

お裾《すそ》分《わ》け・お福分け

もらったものや自分の利益をご近所や知人に分けることを「お裾分け」といいます。

「故郷で採れたミカンが送られてきましたのでお裾分けです」というように使います。

ただし、目上の人に使うのは失礼とされます。目上の人には、「もらいものですが、よかったらお召し上がりください」と言うほうが無難ですね。

似た言葉に「お福分け」があります。

こちらは、「余ったものを分ける」というより、「よいものをもらったので、一緒に楽しみましょう」という意味で、自然に笑顔になれる言葉ですね。

私は、「お裾分け」はすべて「お福分け」に変換したほうが、まわりが明るくなるのではないかと感じています。

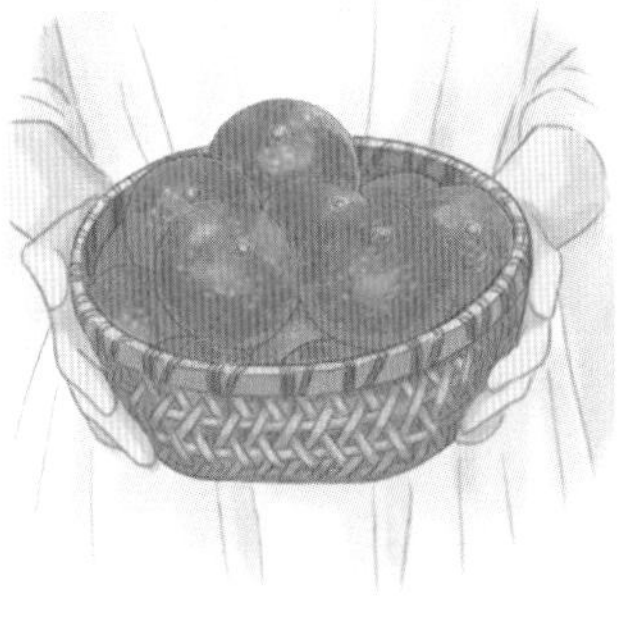

便り・贈りもの

日ごろの感謝の気持ちを伝える、
お祝いの品を贈る、返礼の品を贈るなど、
私たちは相手の顔を思い浮かべて、
便りや、贈りものを送ります。
冠婚葬祭では、表書きをどうするか、
のしは、水引《みずひき》は、忌《い》み言葉は――
昔からの慣習を覚えるのは
なかなか大変です。しかし、
間違えると恥をかくだけでなく、
相手を不愉快にさせる場合があるほど、
私たちの生活には慣習が根づいています。

年賀状・暑中見舞い

年始に世話になった人や親戚のところをまわり、旧年中のお礼と新しい年も変わらぬおつきあいをお願いする習慣が、現在の年賀状に引き継がれています。

プライベートの年賀状では、ふだん会わない人への年に一度の近況報告の意味合いが強いですね。eメールやSNSの普及により年賀葉書の発行枚数が大幅に減少していますが、正月に年賀状が一枚も届かないとなれば、かなり寂しい気持ちになるでしょう。

暑中見舞いは、いただくこと自体がまれなので、届くとうれしく、相手の気づかいを感じるものです。

暑さの厳しい時期にお世話になった人の健康を気づかって訪問したことに由来します。暑中見舞いの葉書は、梅雨明けから8月初旬の立秋の前までに出すのが一般的です。

お中元・お歳暮

お中元は、中国に古くからある道教《どうきょう》の慣習に由来します。中国の暦《こよみ》では、1月15日を上元《じょうげん》、7月15日を中元《ちゅうげん》、10月15日を下元《かげん》として一年の区切りとしていました。

そのなかで中元は贖罪《しょくざい》の日とされ、人間の罪を許してくれる神を祀《まつ》っていました。これが、仏教と結びつき、先祖を迎える盂蘭盆会《うらぼんえ》（お盆）となりました。

お歳暮は、正月に年神様や氏神様《うじがみ》などを迎える慣習に由来します。

お盆や年末に先祖や神様に捧げものをそなえる慣習が、時代を経て、お世話になった人へ日ごろの感謝の気持ちを伝えるための贈りものになったようです。贈る品に食料品が多いのは、お供えが飲食物であることにちなみます。

近年は、虚礼廃止ということで、形ばかりで心のこもっていない儀礼はやめようという企業が増えているようです。

ただ、個人としては、恩師、親や兄弟など、ふだんなかなか会う機会のない人とのコミュニケーション手段として残しておきたい慣習ですね。

お祝い

結婚、出産、入園・入学、卒業、成人、就職、新築、開業・開店、退職、長寿など、お祝いを贈る場面は数多くあります。

それぞれのお祝いに応じて、相手の喜ぶ顔を想像して品物を選ぶのは楽しいものです。

しかし、近年は現金を贈る人が多くなったのではないでしょうか。現金のほうが使い勝手がよいし、相手も喜ぶのではないか――。そもそもお祝いの品物を選ぶのは面倒と思う人も多いのでしょう。反面、現金だとちょっぴり味気ない感じもします。

いずれにしても、贈りものにはお祝いの言葉を添えることが大切です。

美辞麗句を並べる必要はありません。相手と喜びを分かちあう素直な気持ちと、家族へのねぎらいの言葉があればじゅうぶんです。

贈りものとお祝いの言葉はセットです。

そして、お祝いは知らせを受けたらすぐに贈ることを心がけます。相手の喜びが冷めないうちに、あなたの喜びを伝えるためです。

返礼と内祝い

お中元やお歳暮、慶事に金品をいただいたら返礼やお返しをします。

お中元やお歳暮をいただいたらなるべく早く礼状を出すとよいでしょう。葉書に、お礼の言葉に添えて近況を書けば、感謝の気持ちがより鮮明に伝わります。

結婚や出産、新築・開店、病気の全快などの慶事のお返しは、「内祝い」と呼ばれます。

しかし本来の内祝いは、身内の喜びごとを一緒に祝ってほしいという気持ちから親しい人に贈る「お福分け」のようなものでした。

ただ、お祝いをもらっていない人に内祝いを贈ると、お祝いを催促していると受けとられかねません。そのため、内祝いも返礼と考えられるようになったようです。

本来の意味を知れば、内祝いをいただいたほうも気持ちがすっきりするでしょう。

餞別《せんべつ》（はなむけ）

転居や転勤、退職など、新たな門出を迎える人に贈る金品を「餞別」あるいは「はなむけ」といいます。

「餞」は、ひと文字で「はなむけ」と読みます。

はなむけは、もともと「馬の鼻向け」という言葉の略で、旅立つ人の無事を祈り、馬の鼻先を行き先に向けてやった風習に由来します。

結婚披露宴の祝辞も「はなむけの言葉」というように、金品だけでなく、新たな門出を激励する言葉や詩歌のこともいいます。

水引《みずひき》・のし

慶弔《けいちょう》時、私たち日本人は必ず、のし袋や不祝儀袋《ぶしゅうぎぶくろ》を用います。ふつうの白封筒で手渡すと礼儀に欠けると思われます。なぜ、白封筒ではダメなのか――水引やのしの意味を知れば、日本人の相手を思う心づかいが見えてきます。

慶弔時の贈りものの包み紙にかける帯紐が水引です。

水引の由来には諸説あります。古来、神様へのお供えを藁《わら》などで束ねていた風習に由来。封印や魔よけ、人と人を結びつける意味で古くから使われていたともいわれます。

いまも贈答品ののし紙やのし袋には、水引が印刷されていて、日本の伝統文化として私たちの生活に根ざしています。

結び方には「結び切り」と「蝶結び」の2種類があります。

結び切りは「固結《かたむす》び」ともいわれ、一度結んだらほどけない結び方です。固く結ばれて離れないことを願って婚礼関係で、また二度と繰り返さないようにと弔事や全快祝い、災害見舞いなどに用います。

蝶結びは何度も結び直せる結び方で、繰り返してよい慶事に用います。

水引の色は、慶事は紅白や金銀、弔事は黒白、黄白などの組み合わせで、向かって右側が濃いほうの色になります。

のしは、のし袋やのし紙の右上についているもので、慶事にのみ用います。

のしは「のし鮑《あわび》」の略で、古くは慶事の贈りものには魚介類を添えるしきたりだったことにちなみます。のし紙に印刷されているのしは、のし鮑を簡略化した図柄です。

香典《こうでん》

亡くなった方へのお供えの金品を「香典」といいます。本来は「香奠」と書き、「香」はお香、「奠」は仏様にそなえるもの、という意味です。

昔の香典は、米（穀物）や野菜が主でした。喪家《そうけ》では喪中の期間、ふだんとは別のかまどで煮炊きして死者にそなえ、家族もそれを食べるのがならわしでした。そのための食材が近親者からそなえられたのです。それが時を経て、現金を包むようになりました。

香典で迷うのは、不祝儀袋の表書きです。市販の袋を用いることがほとんどですが、いろいろな種類があります。間違えると常識を疑われますので最低限は覚えておきたいものです。まず、喪家の宗教に合わせたものを用います。

仏式であれば、通夜・葬儀なら「御霊前」、四十九日《しじゅうくにち》（死亡後49日目）以降は故人が冥土の旅を終えて成仏したという考え方から「御仏前」となります。

ただし、浄土真宗の場合は、故人は亡くなると同時に浄土に往生し、成仏したと考えることから通夜・葬儀から「御仏前」とします。「御香資」「御香料」「御香典」などは、葬儀、その他の法要ともに、宗派を問わず使えます。

神式では「御神前」「御玉串料」など。キリスト教では「御花料」が一般的ですが、カトリックは「御ミサ料」、プロテスタントは「忌慰料」とも書きます。

「ハレ」の日

正月

子どものころ、家族や親戚が集まる正月は、待ち遠しい「ハレ」の日でした。日本人にとって正月は、その年の年神様を家族そろってお迎えする大切な日です。年神様は、子孫繁栄や五穀豊穣を授けてくれる神様だといわれています。門松《かどまつ》、鏡餅《かがみもち》、初詣《はつもうで》、お屠蘇《とそ》、おせち料理……、正月のしきたりの意味を知ることで、これまで以上に心豊かな新年を迎えられるでしょう。

門松《かどまつ》・鏡餅《かがみもち》

玄関前や門前に飾る門松は、年神様が降りてくるときの目印です。12月28日までに飾るのがよく、29日は「苦に通じる」、31日は「一夜《いちや》飾り」といって嫌います。

鏡餅は年神様へのお供えです。もともと餅はハレの日の神聖な食べものとされていました。鏡餅を二段に重ねるのは、月（陰）と日（陽）をあらわし、福徳が重なって縁起がよいと考えられたからです。

上に載せる橙《だいだい》は、子々孫々の繁栄を願う縁起物といわれます。

また、地方によっては、串に刺した干し柿を鏡餅に添えます。

丸餅（八咫鏡《やたのかがみ》）、橙（八尺瓊勾玉《やさかにのまがたま》）、串柿（草《くさ》

薙剣《なぎのつるぎ》）をもって、日本神話に登場する三種の神器を模したものだともいわれています。

初詣《はつもうで》

各地に初詣の人気寺社があり、年始には多くの参詣者でにぎわいます。正月の風物詩といえる光景です。

しかし初詣は本来、生まれた土地の神様を祀《まつ》る産土《うぶすな》神社や、住んでいる場所の神社にお参りして、新年を迎えられたことに感謝し、新しい年の平安を祈るものでした。

初詣の人気寺社ができたのは、鉄道会社の集客競争が関わっているともいわれています。

近年は、オンライン参詣ができる寺社も増えました。

いずれにしても、参詣したときには願いごとをするだけでなく、まずは神仏への感謝の気持ちを伝えることが大切です。

ちなみに、神社を参詣するときは「二礼二拍手一礼」、お寺では「合掌《がっしょう》一礼」が一般的です。姿勢を正してお参りすれば、なぜか心が鎮《しず》まるものです。

お屠蘇《とそ》

元旦（元日の朝）、家族そろって新年のあいさつをしてから、無病や長寿を願っていただくお屠蘇。

本来は、「屠蘇散《とそさん》」と呼ばれる生薬《しょうやく》を酒やみりんに浸してつくります。昨今では、屠蘇散を浸していないただの日本酒を、正月の祝いの酒として「お屠蘇」と呼ぶことが多くなりました。

お屠蘇の由来は諸説あります。

「蘇《そ》という名の悪鬼を屠《ほふ》る（退治する）」「邪気を払い、生気を蘇《よみがえ》らせる」――このことから無病息災や長寿を願う祝い酒として広まりました。

昭和の時代には、正月を過ぎても浮かれた気分の抜けない子どもたちは、「いつまでもお屠蘇気分でいちゃダメよ」と、親からたしなめられたものです。しかし、最近は「お屠蘇気分」という言葉も聞かれなくなったように感じます。

おせち料理

「おせち」とは、季節の変わり目にあたる「節《せち》（節句）」のこと。平安時代には、正月を含む五節句（42ページ参照）に「節会《せちえ》」という儀式をおこない、おせち料理を神様にそなえていました。

やがて、五節句のなかでももっとも重要な正月に限定した料理を指すようになったようです。

おせち料理は正月の年神様へのお供えですから、一つひとつの料理に、子孫繁栄や五穀豊穣、家内安全、無病息災などの願いがこめられています。

以下、どれだけご存じでしょうか？

【数の子】卵の数が多いことから、子孫繁栄。

【黒豆】まめに働いて健康に過ごせるように。

【田作り】小魚を稲作の肥料にしたことから、米の豊作。

【たたきごぼう】ごぼうは根を深く張ることから、細く長く幸せが続くように。

【伊達巻《だてまき》】巻物に見えることから、学業成就。

【昆布巻《こぶまき》】「よろこぶ」に通じることから、福を授かる。

【栗《くり》きんとん】黄金色《こがねいろ》から、金運上昇。

【紅白かまぼこ】紅は喜びや魔よけ、白は神聖や清浄をあらわす。

【海老《えび》】腰が曲がった姿から、不老長寿。

【酢蓮《すばす》】レンコンの穴から、将来を見通せる。

【小鰭《こはだ》の粟漬《あわづ》け】コハダの幼魚はシンコ、成魚はコノシロと呼ばれる。出世魚と黄金色の粟で縁起がよい。

縁起のよい食材を少しずつ全種類食べることで一年を幸せに過ごしたいものです。

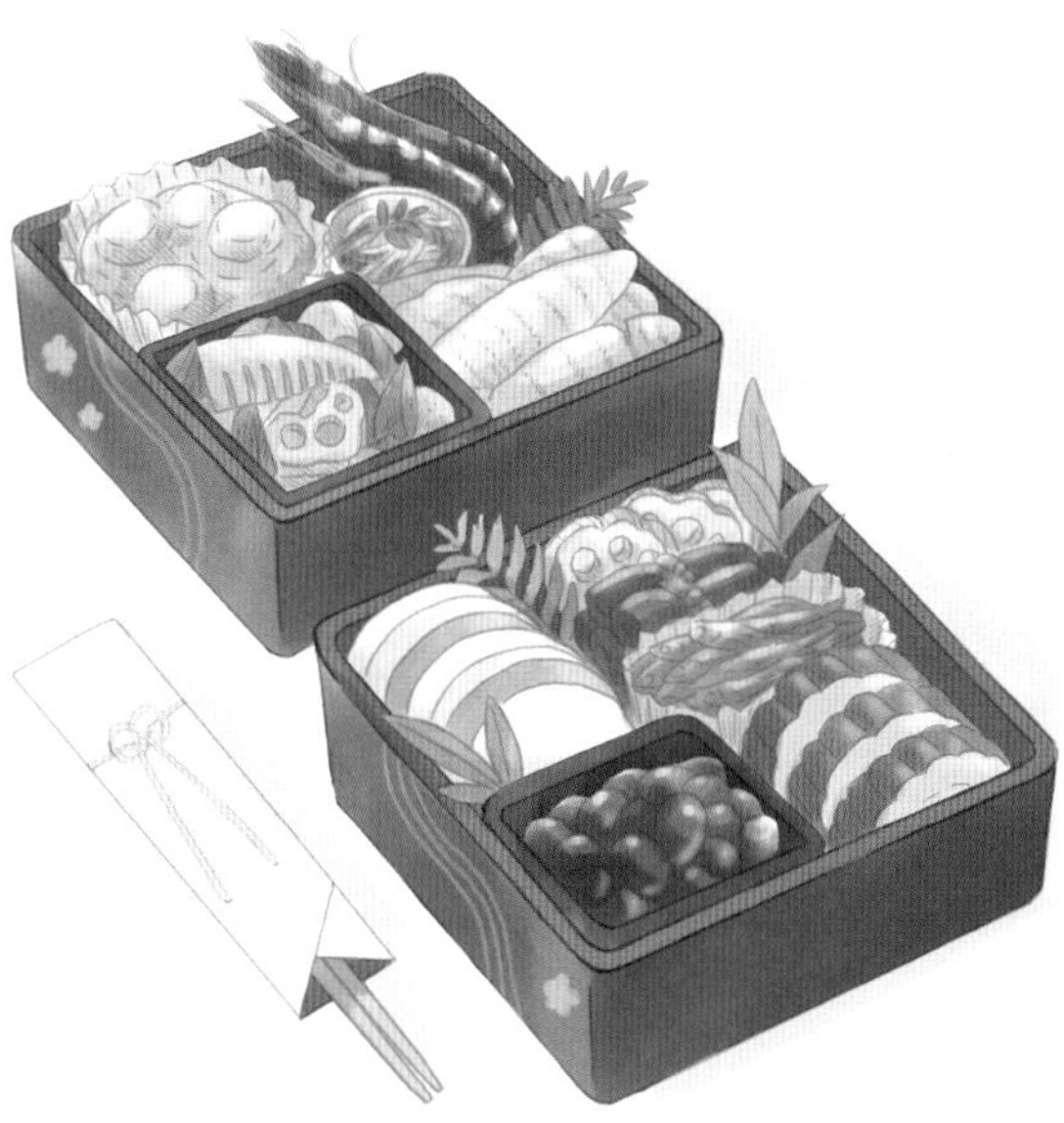

年中行事

ここでは、季節の変わり目である
節分《せつぶん》、土用、お彼岸と、
一年のうちで正月と同様に特別な期間である
お盆を紹介します。
季節の変わり目には邪気が生じるといわれ、
それを追い払うためのならわしがあります。
また、天候不順から
体調をくずしやすい時期でもあります。
季節ごとに「ハレ」の日があるのも、
英気を養うために大切なことなのですね。

節分《せつぶん》

「節分」とは、本来、四季の節目のことです。「立春」「立夏」「立秋」「立冬」の各前日をいいました。

旧暦では春のおとずれを正月と同様に新たな年の始まりとしてとくに大切にしていたことから、春分の前だけが「節分」として残ったようです。

なぜ、節分に豆をまいて鬼を追い払うのか――。

昔は、飢餓を引き起こす厄災は、鬼による人知を超えた現象と考えられていました。そのため、鬼は邪気の象徴とされて

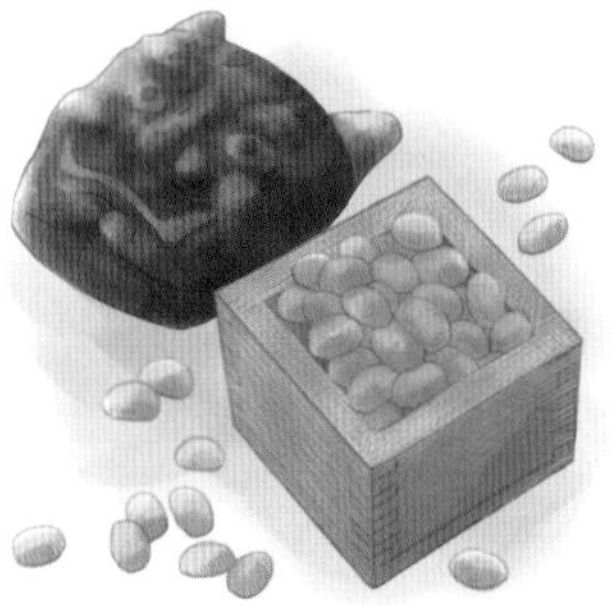

いたのです。

豆には魔よけの力があるとされ、「魔を滅する」とか、炒《い》った豆をまくことで「魔の目を射る」などの語呂合わせの意味もありました。

豆をまくときの掛け声は、「邪気を外に出したのち福を内に呼びこむ」ことから、「鬼は外、福は内」が一般的です。

しかし、地域によっては、「福は内、鬼は外」「鬼は内、福も内」と言うところもあります。また、鬼を祀《まつ》る寺社では「福は内」のみを言う場合もあります。

節分に、焼いた鰯《いわし》の頭を柊《ひいらぎ》の枝に差した「やいかがし」を門前や玄関に飾る風習もあります。柊のトゲと鰯の頭の悪臭で鬼を追い払う魔よけ、厄払いの意味があります。

鰯を節分の行事食としている地域もあります。

土用の丑《うし》の日

「土用」とは本来、「立春」「立夏」「立秋」「立冬」の前の、それぞれ18日間をいいます。つまり、季節の終わりの18日間です。

年に4回ある土用ですが、いまは立秋前の夏の土用だけが「土用の丑の日」として知られています。

夏の土用は、7月20日ころから8月6日ころまでですから、一年でいちばん暑く夏バテしやすい時季です。

「丑の日」とは、日にちに十二支を割り振ったなかの丑にあたる日です。12日に一度めぐってくるので、年によっては土用の丑の日が2回ある年もあります。

土用の丑の日にうなぎを食べて栄養をつける

という習慣は、江戸時代に平賀源内（医者・発明家）が、提唱したという話は有名ですね。

ただ、それ以前から「う」のつく食べものを丑の日に食べると夏バテしないという伝承がありました。たとえば、体を冷やす「ウリ」、食欲増進効果がある「梅干し」、消化のよい「うどん」などが、夏バテしない食べものとして知られていました。

お彼岸

お彼岸は春と秋の年2回あります。「春分の日」と「秋分の日」を中日《ちゅうにち》とする前後3日間の合わせて7日間です。

春分と秋分は、昼と夜の時間がちょうど等しくなる日です。ともに太陽が真東から昇り、真西に沈みます。

仏教では「西方浄土《さいほうじょうど》」といい、西の彼方に極楽浄土《ごくらくじょうど》があるとされています。お彼岸には太陽が真西に沈むことから、浄土に往生している故人に思いをはせて自然に手を合わせるようになり、お墓参りの習慣ができたのでしょう。

お寺では先祖を供養する「彼岸会《ひがんえ》」の法要がいとなまれ、多くの参詣者でにぎわいます。

お盆

正しくは「盂蘭盆会《うらぼんえ》」といい、仏教の伝統行事です。

釈迦《しゃか》の十大弟子のひとり、目連《もくれん》が、死後に餓鬼道《がきどう》に堕《お》ちて苦しむ母親を救うため、釈迦の助言によって7月15日に僧たちを供養しました。

その功徳《くどく》によって母親を救うことができたことに由来します。

その話が日本に伝わり、先祖の霊を迎えて供養する日本独自のお盆のならわしになりました。

現在では、新暦7月15日前後におこなうところ、旧暦7月15日に近い新暦8月15日前後に「月遅れのお盆」としておこなうところなど、地域によって違いがあります。

お盆が始まる13日には、先祖の霊が道に迷わないように迎え火を焚《た》き、浄土に帰る16日には、送り火を焚きます。

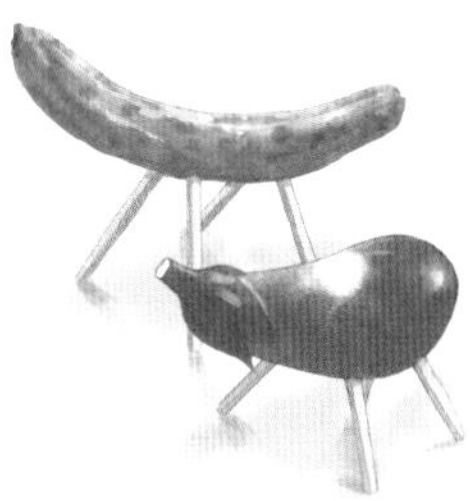

仏壇の前や庭に盆棚（精霊棚《しょうりょうだな》）をつくり、位牌を安置して、お供えをします。そして、ナスやキュウリでつくった牛や馬を飾ります。先祖がこの世にもどってくるときには脚の速い馬に乗り、牛にたくさんの供物《くもつ》を載せてゆっくりとあの世に帰ってほしいなどという伝承からです。

盆踊りは、先祖の霊をなぐさめるために、皆でにぎやかに踊ります。

お盆は、心の浄化だと思います。

忙しいなかでも何とか時間をつくって里帰りする。あるいは、先祖はもちろん、帰省する子や孫をもてなすために心躍らせて準備する。日ごろは先祖のことを忘れがちでも、年に一度、家族そろって先祖を供養し数日を過ごす。それだけで、心が安らぎます。

五節句

古来、中国では、1月1日を別格として
奇数が重なる日は縁起がよい
と考えられてきました。
1月7日は人日《じんじつ》（七草の節句）
3月3日は上巳《じょうし》（桃の節句）
5月5日は端午《たんご》（菖蒲《しょうぶ》の節句）
7月7日は七夕《しちせき》（七夕《たなばた》まつり）
9月9日は重陽《ちょうよう》（菊の節句）
奈良時代に中国から伝わり、
日本の儀礼や祭礼と結びつきました。
そして江戸幕府によって「五節句」として
祝日に制定されました。

七草の節句

古代中国では、正月七日を「人日《じんじつ》」と呼び、息災を願って7種類の若菜を入れた吸いものを食す風習がありました。

それが日本に伝わり、1月7日に七草がゆを食べるようになりました。

春の七草は、セリ、ナズナ、ゴギョウ（ハハコグサ）、ハコベラ（ハコベ）、ホトケノザ（タビラコ）。スズナ（カブ）、スズシロ（ダイコン）をいいます。

いまではその時期にスーパーマーケットや八百屋さんで「七草がゆセット」として売られていて便利ですね。

七草がゆを食べると若菜の生命力をもらい、一年間、無病息災で過ごせるといわれています。

七草がゆの習慣が定着したのは、正月のご馳走つづきで、疲れた胃腸をいたわるのにもちょうどよいからでしょう。

桃の節句（雛《ひな》祭り）

「上巳《じょうし》」とは、旧暦3月最初の巳《み》の日を意味します。古代中国では、この日に川で身を浄《きよ》める行事がありました。

日本では平安時代、これにならって紙で人形《ひとがた》をつくり、災禍や身の穢《けが》れを移して川へ流す「上巳節会《じょうしのせちえ》」という宮中行事が生まれました。その風習は、「流し雛」として現在も残っている地域があります。

また、平安貴族の女の子がおこなっていた「ひいなあそび」という人形遊びがあり、やがて女の子の健やかな成長を願って雛人形を飾ることになったようです。

3月3日を「桃の節句」と呼ぶのは、桃の花が咲く時季であるとともに、桃には邪気を払う力があるといわれていたことに由来します。

ちなみに、雛人形の主役である男雛《おびな》と女雛《めびな》は二人セットで「お内裏様《だいりさま》」です。サトウハチロー作詞の童謡『うれしいひなまつり』では、「♪おだいりさまと おひなさま ふたりならんで すましがお」とありますが、それはサトウ先生の勘違いだったのです。

端午《たんご》の節句

「端午」とは、旧暦5月の最初の午《うま》の日を意味します。古代中国では、この日にヨモギを摘み、魔よけの力がある菖蒲《しょうぶ》の葉や根を浸した菖蒲酒《しょうぶざけ》を飲んだそうです。

端午の節句が平安時代に日本に伝わった当初は、田植えをする娘たちの身を浄《きよ》める行事と結びつきました。武士の時代になってショウブの音が「尚武」や「勝負」にも通じることから、男の子の健やかな成長を願う行事になりました。そこから男の子のいる家庭では、5月5日に鎧《よろい》や兜《かぶと》、武者《むしゃ》人形を飾ります。

鯉のぼりは江戸時代に誕生したといわれます。それ以前から武士の家では男子の出世を願ってのぼりを立てる習慣があったことに由来します。

七夕《たなばた》まつり

旧暦7月7日の夜を「七夕《しちせき》」といいます。「たなばた」という読み方になったのは、中国と日本の七夕伝説からです。

古代中国には、7月7日に機織《はたお》りの上達を祈る「乞巧奠《きっこうでん》」という行事がありました。その日には年に一度だけ、天の川をへだてて暮らす牽《けん》牛《ぎゅう》（彦星《ひこぼし》）と織女《しょくじょ》（織姫《おりひめ》）の夫婦が会えるというのが中国の伝説です。

日本の伝説は、村の厄災を除いてもらうため機織りの棚織津女《たなばたつめ》が、天から降臨する神様の一夜妻になるというものです。お盆の時期に「棚《たな》機《ばた》」と呼ばれる穢《けが》れを浄める行事がおこなわれるようになりました。

この機織りつながりで、伝説が混ざりあったようです。

7月7日の七夕まつりには、笹《ささ》飾り（七夕飾り）に願いごとを書いた短冊《たんざく》を結びつけます。笹を使うのは笹に魔よけの意味があるからです。願いごとは、裁縫や書道などの上達を願うのが本来ですが、いまは自由に書いていますね。

菊の節句（重陽《ちょうよう》）

「重陽の節句」ともいいます。

中国では、9月9日は「陽」とされる奇数のいちばん大きな数字である9が重なり、大変おめでたい日です。その反面「陰」に転じやすいとして、お祝いとともに厄払いをするならわしになっていました。

まさに菊が美しく咲く時期であり、この日に高いところに登り、邪気を払う菊の花を浮かべた菊酒《きくざけ》を飲めば、長寿と無病息災がかなうと信じられていたのです。

このならわしは奈良時代にはすでに伝わっており、平安時代になると「重陽節会《ちょうようのせちえ》」として宮中行事になりました。

旧暦9月9日は秋の収穫時期とも重なるので収穫祭の意味もこめて、栗ご飯を炊いてお祝いするならわしもあります。「長崎くんち」や「唐《から》津《つ》くんち」も九日《くにち》に由来した秋祭りです。

子どもの節目

かつては乳幼児の死亡率が高く、
無事に成長して成人するのは、
とても難しいことでした。
「七つまでは神のうち」
という言葉もありました。
7歳までの子どもは神様からの預かりもので、
もしも亡くなった場合には、
「神様にお返しした」と考えられていたようです。
子どもの健やかな成長を祝う儀式が
たくさんあり、現在にも伝わっています。

お七夜《しちや》・初宮参《はつみやまい》り・お食《く》い初《ぞ》め・初誕生祝い

生後まもなくから1歳を迎えるまで、赤ちゃんのお祝いがめまぐるしく続きます。

生まれた翌日を1日目として7日目にあたる日が「お七夜」です。

かつては親類縁者をたくさん招いて、赤ちゃんと初めて対面してもらいました。いまは、祖父母などの身内だけでお祝いするのがふつうになってきました。赤ちゃんの名前をお披露目《ひろめ》するのもこの日が一般的です。

「初宮参り」は、生後およそ1カ月ころが一般的です。

生まれた土地の神様を祀《まつ》る産土《うぶすな》神社に、赤ちゃんが無事に誕生した報告と感謝、そして健やかな成長を願ってお参りします。

生後100日目には「お食い初め」をおこないます。

一生食べものに困らないように、願いをこめて赤ちゃんにお膳を用意します。そして料理を箸で口元に持っていき、食べさせるまねをします。「箸初め《はしはじ》」ともいいます。

お膳は、赤飯、尾頭《おかしら》付きの魚、煮もの、香の物、すまし汁を並べるのが一般的です。

また、「歯がため」といって、小石を添える地方もあります。小石を口元に持っていき、丈夫な歯になることを祈ります。

満1歳の「初誕生祝い」には、赤ちゃんに一升餅を背負わせ、一生食べものに困らないように願います。記念に手形や足形をとっておくと、よい思い出になります。

七五三

数え年で、主として、男の子は3歳と5歳、女の子は5歳と7歳を迎える年に、住んでいる場所の神社にこれまでの成長の感謝と、これからの幸福を祈る行事です。

11月15日にお祝いするようになったのは、最高の吉日とされる「鬼宿日《きしゅくにち》」にあたるからです。

また、五代将軍徳川綱吉が長男、徳松のお祝いをこの日におこなったからと伝わります。

縁起物の千歳飴《ちとせあめ》は、江戸時代に浅草のあめ屋が売りだしたのが始まりといわれます。

入園・入学

入園・入学のお祝いは、祖父母や近しい親戚など身内でおこなうのが一般的です。

子どもの入園・入学は待ち遠しいものの、親は準備することが多く、なかなか大変です。ようやくひと息ついたら、身内で子どもの成長をお祝いしたいですね。

学業の充実や通園・通学の安全を願って、寺社にお参りするのもいいでしょう。

十三参り《じゅうさんまい》

男女ともに数え年で13歳を迎える年に、知恵と福徳をつかさどる虚空蔵菩薩《こくうぞうぼさつ》を本尊とするお寺にお参りします。

かつては旧暦3月13日にお参りしましたが、現在は新暦4月13日を中心に3月から5月にかけてが一般的です。

関東では馴染《なじ》みの薄いお祝いですが、関西や、福島県など南東北では広くおこなわれています。

大人の節目

人生の節目の儀式を「通過儀礼」といいます。
竹が節目をつくりながら成長していくように、
通過儀礼によって
人生の節目を認識することで、
自身のアイデンティティ(存在証明)の
変化を感じとることができます。
成人、卒業、就職、結婚、厄年《やくどし》、還暦《かんれき》、退職、
賀寿《がじゅ》・年祝《としいわい》……。
出会いや別れもあり、
心が引き締まる一日となります。

成人式

これまで無事に育ったことに感謝し、大人の仲間入りをする通過儀礼が「成人式」です。

世界には、大人になるための試練として成人の儀式があります。ちなみに、バンジージャンプの起源は、南太平洋のバヌアツ共和国でおこなわれる「ナゴール」という成人の儀式だといわれています。

日本の成人式のように自治体が主催して大きな式典をおこなう国は珍しいようです。

日本では民法の改正により、2022年4月から「成年」の年齢が18歳に引き下げになりました。これまで成人は20歳からでしたが、18歳から成人として扱われる、ということです。

18歳から選挙権を持ち、親の同意を得ずに、携

帯電話やクレジットカードの契約もできます。

いっぽうで、飲酒や喫煙、公営ギャンブル（競馬・競輪など）は、これまでと同様に20歳までは禁止です。

成人式に関しては、多くの自治体がこれまでどおり満20歳を対象とし、「二十歳《はたち》のつどい」などと名称を改めておこなっています。

卒業・就職

「新たな旅立ち」という意味では、学業を終える卒業式、そして就職は、もっとも大きな人生の節目でしょう。

大学教員である私は、毎年、学生たちの卒業に立ち会っています。教え子たちを見ていると、社会への第一歩を踏みだす意気込みに満ちていて、気持ちの変化が伝わってきます。

ＴＢＳの安住紳一郎アナウンサーは私の教え子です。彼と卒業時にツーショットを撮りました。そのときでなければ撮れないシーンですから、数十年後のいまになり、あのときに撮っておいてよかったなぁと感じています。

結婚

いまは当人同士の意思で結婚を決めるのが当たり前の時代。しかし、いざ結婚の準備を始めると、当人たちの思いとは裏腹に、家と家の結びつき、結婚に関する一連のしきたりに戸惑うことばかりでしょう。

古いしきたりにとらわれたくないと思っても、両家で喜びを分かちあうためには、相手方を不快にさせない思いやりも必要です。

現在の結婚の儀式は「結納《ゆいのう》の儀」と「婚礼の儀」が中心になります。ともに地方によって慣習が異なるので事前の打ち合わせが大切です。

結納は、読んで字のごとく、「両家が新しく縁を結び、一つに納まる」という意味です。正式な婚約の儀式といえるでしょう。

結納品は、結納金の金封《きんぷう》に縁起物、それに目録を添えます。

縁起物は、たくましい男性を象徴する「勝男《かつお》武士《ぶし》」、女性を象徴する「寿留女《するめ》」、不老長寿を

意味する「長熨斗《ながのし》（鮑《あわび》）」、ともに白髪になるまで仲睦まじく過ごせるように「友志良賀《ともしらが》（麻緒《あさお》）」などです。

近年は結納を省略し、両家の顔合わせの食事会で済ませる場合も多いようです。それでも、結納の意味を知っていると姿勢が変わり、両家の親睦がより深まると思います。

婚礼は、両家の親類縁者を招いて結婚式をおこない、披露宴を催すのが一般的です。

結婚式は、神前、仏前、教会式、あるいは宗教儀式にとらわれない人前式《じんぜんしき》などがあります。人前式では、披露宴会場で挙式をおこなうこともできます。

結婚式の日取りは「大安」のような吉日がよいとされていますが、じつは根拠のない迷信です。ただ、こだわる人もいますので、当人同士

だけで決めてしまわず、両家でよく話しあうとよいでしょう。

厄年《やくどし》

災難や不幸に襲われる可能性が高いとされる年齢のこと。

一般的に数え年で、男性は25歳、42歳、61歳、女性は19歳、33歳、37歳、61歳です。

男性の42歳は「死に」、女性の33歳は「散々」に通じることから「大厄《たいやく》」とされ、要注意の年といわれます。また、前後の年も「前厄《まえやく》」「後厄《あとやく》」といわれ、厄年同様の注意が必要とされます。

厄年は、平安時代の陰陽道《おんみょうどう》の考えに基づいていますが科学的根拠はありません。ただ、男女ともに厄年は、体調面でも社会的役割の面でも大きな変化が起こりやすい時期です。ですから、信じる信じないは別として、厄年の時期はとくに心身ともに注意して、無理をしすぎないように過ごすとよいでしょう。

寺社で厄払いや厄よけの祈願をする場合は、厄年にあたる年の節分までに参詣するのが一般的です。

還暦《かんれき》

干支《えと》（十干十二支《じっかんじゅうにし》）が60年で一巡して生まれた年の干支に還《かえ》る「還暦」は、長寿のお祝いの最初です。

いまは60歳を過ぎても、再雇用などで仕事を続ける人も多く、まだまだ若々しいので、還暦の感慨はそれほどないかもしれません。

それでも、これから数十年ある第二の人生をつつがなく過ごすために、還暦をお祝いするとよいでしょう。

干支が一巡して自分も生まれ変わり、赤ちゃんに還るという意味で、還暦のお祝いに赤い頭《ず》巾《きん》とちゃんちゃんこを贈るのがならわしです。

赤は魔よけの色ともいわれています。いまは頭巾とちゃんちゃんこの代わりに、赤色をアクセントとした品物を贈ることが多いようです。

賀寿《がじゅ》・年祝《としいわい》

長寿のお祝いは「賀寿」「年祝」といいます。本人だけでなく、まわりの人たちにも元気を与えてくれるお祝いですね。

かつては数え年でしたが、いまは満年齢でお祝いするほうが一般的になりました。

「還暦」の次は、70歳の「古希《こき》（古稀）」です。中国唐《とう》時代の詩人、杜甫《とほ》が詠《よ》んだ漢詩の一節「人生七十古来稀《まれ》なり」に由来します。

その次は77歳の「喜寿《きじゅ》」、80歳の「傘寿《さんじゅ》」、88歳の「米寿《べいじゅ》」、90歳の「卒寿《そつじゅ》」、99歳の「白寿《はくじゅ》」、100歳の「百寿《ももじゅ》（百賀《ももが》・紀寿《きじゅ》）」と続きます。

長寿のお祝いは、品物を贈る以上に、子や孫、ひ孫らが集まり、長寿の本人を囲んで楽しい時間を過ごしたいですね。

身につけたい心がけ

日常のふるまい

日本の暮らしに定着しているしきたりには、美しい伝統文化が息づいています。ところが、しきたり自体は知っていても意味や由来となると、ぼんやりとしかわからないことが大半ではないでしょうか。

なぜ、「いただきます」「ごちそうさま」と言うのか。

「嫌い箸」はなぜ、不作法なのか——。

それらを知ることで、日本の独特な感性を改めて感じてください。

いただきます・ごちそうさま

食事の始まりと終わりに「いただきます」「ごちそうさま」と言うのは、日本らしいしきたりです。

「いただきます」「ごちそうさま」は、ともに感謝の心をあらわします。

神にそなえたものを食べるときや、位の高い人からものを受け取るときに、頂《いただき》（頭の上）に掲げたことから、という説があります。

米や野菜、魚、肉、すべての食材には命があると考え、私たちはその命をいただいて生かされているという意味合いもあります。

また、料理が食卓に並ぶまでに関わったすべての人たちに対して感謝する言葉でもあります。「ごちそうさま」は「御馳走様」と書きます。「馳走」とは、走りまわること。大切な人のために、走りまわって食材を調達してきたという意味です。おいしいものを集めてきてくれたことへの感謝から生まれた言葉です。

ふだんの食事でも、感謝の気持ちを意識することで、いつもと味わいが変わるでしょう。

嫌い箸

子どもに正しい箸の使い方や食事のマナーを伝えるのは、大切なことです。子どものころにしっかりと身につけておけば〝一生もの〟だからです。

「嫌い箸」といわれる不作法な箸使いがあります。同席する人に不快感を与えることにもなりますので覚えておきましょう。

【迷い箸】どれを食べようか迷い、料理の上で箸を右往左往させる。

【刺し箸】料理に箸を刺して食べる。

【寄せ箸】箸で器を自分のほうへ引き寄せる。

【ほじり箸】器の底のほうにある料理をほじりだす。

【ねぶり箸】箸の先をなめる。

【人差し箸】箸先で人や物を指し示す。

【たたき箸】箸で器をたたく。

【なみだ箸】箸先から料理の汁をポタポタとたらす。

【もぎ箸】箸についた米粒などを口でもぎとる。

【突き立て箸(仏箸)】ご飯茶碗に箸を突き立て

る。死者にそなえる枕飯を連想させる。

【拾い箸】箸と箸で料理を受け渡しする。葬儀の骨拾いでの箸渡しを連想させる。

また、食事中は、大声で話したり、口に食べものを入れたまま話したりしないように心がけましょう。

履物《はきもの》をそろえる

ある禅寺におじゃましたときのこと。玄関に「脚下照顧《きゃっかしょうこ》」という札が掲げられていました。

これは禅語で、「他に対して理屈を言う前に自分の足元（おこない）を見つめ直し、よく考えるべきである」という自己反省の教えです。それを、「脱いだ履物をそろえましょう」というマナーの言葉としていたのです。

履物をそろえるのは小さなことですが、自分のおこないを見つめることにまでつながっているのですね。

玄関で履物を脱ぐたびに、心のなかで「脚下照顧」とつぶやいてみてください。足元も自分のおこないも、よく見えるようになるでしょう。

社会の常識

和室でのふるまい、言葉づかいなど、
社会に根ざしている
暗黙のマナーは数多くあります。
知らないうちに不作法をして
相手を不愉快にしないためにも、
最低限は覚えておきたいものです。
覚えてしまえば、かえって楽なのがマナーです。
マナーは、余計なことを考えずに
体で覚えましょう。
何度も繰り返すうちにそれが身につき、
自然に美しくふるまえるようになります。

上座《かみざ》・下座《しもざ》

年功序列の崩壊、成果主義の台頭など、日本の社会は大きく変化しています。

しかし、組織がどのように変化しても、目上の人がいて目下の者がいるという序列が消えることはありません。

上司・部下、顧客・業者など、会議や宴席において上座と下座を考えることは、相手を敬う意味でも大切です。

席次を考えるとき、「左上位」が日本の伝統的な作法です。つまり、自分の左を上位、右を下位とします。

商談で上司と部下が並んで座るときには、上司は左側に座っていただきます。これは、相手側から見ると右側が上位ですから注意してください。お茶を出すときもお客様の右後方から差し出します。

そして、出入り口からもっとも遠い奥の席が上座、和室で床の間があればその前が上座です。

この2点を覚えておくだけで、大きな失敗は避けられるでしょう。

ちなみに、国際的には「右上位」が原則です。海外からお客様を招いた場合は、国際ルールに従うのが無難ですが、日本の作法を説明して「左上位」としてもよいでしょう。

車やエレベーターでも上座・下座があります。

車では、いちばん安全といわれる運転席の後ろが上座です。目上の人が先に乗り、次位は助手席の後ろ、末席は助手席になります。

エレベーターでは、入り口から見て左奥が上座、次位は右奥、操作パネルの前が末席です。操作パネルが左にあっても、上座は左奥で変わりません。操作パネルが左右にある場合には、入り口から見て右の操作パネルの前が下座です。

エレベーターに乗るときは、目下の者が先に乗り、操作パネルの「開」ボタンを押して目上の人を招き入れます。これは安全確保のための気づかいです。

畳の縁《へり》を踏まない

「畳の縁を踏んではいけません！」

昭和世代なら、親からそんな注意を受けたことがあるでしょう。いまでは和室のない家も多く、平成世代は、そんな和室のしきたりを知らないのは当然かもしれません。

しかし、座敷での宴席などで畳の縁や敷居を踏むと常識を疑われるでしょう。

それでは、なぜ畳の縁を踏んではいけないのか——その理由は諸説あります。

ひとつには、畳一枚が一人分の領域と考えられていたことによります。畳はそもそも、身分の高い人が座る場所として敷かれたもので、縁はむやみに侵してはならない境界線を示していました。

護身のため、という説もあります。忍者のいた時代、床下から武器を突き刺して要人の暗殺を謀《はか》ることがありました。そのため、縁を踏んで歩くと、すき間から灯りが洩れて居場所を特定されやすいのです。

あるいは、縁を踏むと失礼になるという理由もあります。畳の縁には家紋を入れることが多く、家紋を踏むことは大変失礼だったのです。

私がもっとも納得できるのは、たんに縁を傷めないためという説です。縁には金や銀の糸で装飾してあるものも多く、すり切れやすかったからです。

敷居を踏んではいけないのは、家を支える構造体の一部だからです。畳は縁が傷んでも交換が可能ですが、敷居は容易に交換はできません。

襖《ふすま》は座って静かに開け閉めするというマナー

がありますが、これも敷居を傷めないことにつながっていると思います。

また、敷居はその家の象徴でもあるので、家柄や家人を踏みつけていることになるという理由もあります。

和室では、座布団の作法を知っているだけでふるまいがきれいに見えます。

座布団をずらしたり、裏返したり、座布団の上からあいさつをしてはいけません。座布団の下座であいさつし、すすめられてから座ります。

座るときに座布団の上に立ってはいけません。まずは下座に正座して軽く握った両手を畳につき、ひざを浮かせて体を支えながら、にじり寄るようにして座布団の上に座ります。立つときも同様に下座のほうに移動して、畳の上で立ち上がります。

和室でのふるまいがきれいな人は、それだけで日本人の文化・精神を身につけているなぁと感じるものです。

敬語

敬語に苦慮している若手ビジネスパーソンは多いと思います。

ある日本人カーデザイナーは、海外で議論をするほうが楽だと言っていました。日本だと上下関係によって、ちょっとずつ敬語を変えなければいけないので、議論の中身に集中しづらいというのです。

たしかに英語では、敬意をあらわすていねいな表現はありますが、謙譲語や尊敬語などの区別がありませんから日本より楽そうです。しかし、日本の社会で敬語をなくしたらどうなるでしょうか——。

おそらく、その場の雰囲気が悪くなりそうです。日本の社会では敬語がクッションになり、コミュニケーションがうまくいっている部分もあるのでしょう。

ここでは、私が日ごろ気になっている敬語の誤用と二重敬語を紹介します。

［敬語の誤用］

×お世話さまです→○お世話になっております

×お久しぶりです→○ご無沙汰しております

×了解しました→○承知しました

×お座りになってお待ちください→○お掛けになってお待ちください

×こちらが資料になります→○こちらが資料でございます

×こちらでよろしかったでしょうか→○こちらでよろしいでしょうか

×お休みをいただいております→○休みをとっています

［二重敬語］

×△△社長様→○△△社長

×△△各位様→○△△各位

×おっしゃられる→○おっしゃる

×お帰りになられる→○お帰りになる・帰られる

×お越しいただけますでしょうか→○お越しいただけますか

×うかがわせていただきます→○うかがいます

×拝見させていただきました→○拝見しました

神仏と日本の暮らし

神様と仏様

日本人は縄文時代から神様を敬っていました。
命を生みだす「自然」という
目に見えない力を「神様」と考えたのです。
そして、この世に存在するすべてに
神様が宿っていると思い至ったのです。
仏教の日本伝来は6世紀。
神様と仏様の相性はとてもよく、
ともに日本人の心のよりどころとなりました。
神仏に手を合わせて自分をとりもどす——
それは、日本人としてごく自然のことです。

家を守る神様

日本神話に主神として登場する天照大神《あまてらすおおみかみ》は、天地を照らし、さまざまな恵みを与えてくれる神様です。

家の敷地を守るのは産土神《うぶすながみ》です。家を建てるときの地鎮祭《じちんさい》で祀《まつ》りますね。氏神《うじがみ》は、その地域に住む人々、一族の守り神です。

そして家のさまざまな場所にも神様が宿り、私たちに安全と幸運をもたらしてくれています。

玄関の守り神は天石門別神《あめのいわとわけのかみ》といって、家に悪霊の侵入を防ぐ門番です。

家中のあらゆる火をつかさどるのは、火之迦《ひのか》具土神《ぐつちのかみ》です。母の伊邪那美命《いざなみのみこと》は火の神を産んだために亡くなりました。

水の守り神は、弥都波能売神《みつはのめのかみ》です。雨や海もつかさどる、命の根源の神様です。

トイレを守るのは、土をつかさどる波邇夜須《はにやす》毘古神《びこのかみ》と波邇夜須毘売神《はにやすびめのかみ》というきょうだいの神様です。トイレをきれいにしておくと、お産が軽くなり、美人が生まれると伝わります。

また、トイレの守護尊として、仏教では烏枢《うす》沙摩明王《さまみょうおう》が知られています。この世の汚れを炎で焼き尽くし、浄化する力を持つとされます。

食事を煮炊きするかまどの守護尊は荒神《こうじん》です。トイレや台所に護符が貼られているのを見たことがあるかもしれません。
神棚や護符を祀っていなくても、家のどこにいても神様が必ず見守ってくれているのです。

守り本尊

「守り本尊」とは、その名のとおり、自分を一生守りつづけてくれる守護尊のことです。

生まれ年の干支《えと》によって決まっており、二つの干支を守護する仏様もいます。ただし、誕生日が立春（2月4日ころ）より前の人は、前年の干支の仏様が守り本尊になります。

仏様にはそれぞれ、お参りするときにとなえる言葉があります。「真言《しんごん》」といって、仏様の真実の言葉といわれます。

ご自身の守り本尊の真言を覚えて、ふだんから心のなかで繰り返しとなえていれば、いつも仏様に守られている安心感を得られるでしょう。

干支の守り本尊と真言

子年《ね》【千手観音菩薩《せんじゅかんのんぼさつ》】	オン　バザラ　タラマ　キリク　ソワカ
丑年《うし》・寅年《とら》【虚空蔵菩薩《こくうぞうぼさつ》】	オン　バザラ　アラタンノウ　オン　タラク　ソワカ
卯年《う》【文殊菩薩《もんじゅぼさつ》】	オン　アラハシャノウ
辰年《たつ》・巳年《み》【普賢菩薩《ふげんぼさつ》】	オン　サンマヤ　サトバン
午年《うま》【勢至菩薩《せいしぼさつ》】	オン　サン　ザン　ザン　サク　ソワカ
未年《ひつじ》・申年《さる》【大日如来《だいにちにょらい》】	オン　バザラ　ダド　バン
酉年《とり》【不動明王《ふどうみょうおう》】	ノウマク　サンマンダ　バザラダン　カン
戌年《いぬ》・亥年《い》【阿弥陀如来《あみだにょらい》】	オン　アミリタ　テイゼイ　カラ　ウン

お参り

一年に何度、神社やお寺に
お参りに行きますか？
一度も行かないという人はほとんどいないと
思います。初詣《はつもうで》やお祭り、そしてお墓参り……
少なくとも複数回は
お参りしているのではないでしょうか。
それでは、正しいお参りの作法は
ご存じでしょうか？
お参りの所作がきれいな人は、それだけで
心が整って見えるものです。

神社のお参り

神社のまわりは森に囲まれています。日本では昔から、山や川、樹木などの自然に霊力が宿るとされていました。そのため、人々はむやみに神社の木を伐ることはなく、鎮守の森として大切に守ってきたのです。

そもそも、古代の日本に神社はありませんでした。神様は、お祭りのときにやってきて、終わると帰っていく存在だったからです。

神様は、山や大きな岩、木などを依り代《よしろ》（神様が宿る対象物）として降臨すると信じられていました。そうした自然環境をご神体とすることを「神奈備《かんなび》」といいます。

神社が建てられるようになったのは、日本に仏教が伝わり、お寺ができてからです。それをまねて、神様がやってくる神聖な場所に神社を建てるようになったのです。

そしてお寺に仏像を祀《まつ》るように、神社では、鏡や剣《つるぎ》、勾玉《まがたま》、神様の姿を彫った神像などをご神体として祀りました。

基本的な神社のお参りの作法を紹介します。

❶鳥居の前で立ち止まり、帽子をとって一礼し、境内へ入ります。真ん中は神様の通り道なので参道の端を通ります。

❷手水舎《ちょうずや》があれば、そこで手や口を浄《きよ》めます。

❸拝殿の前に立ち、お賽銭《さいせん》を入れてからお参りします。お参りは「二礼二拍手一礼」が基本です。まず、深いお辞儀をゆっくりと2回、そして2回柏手《かしわで》を打ち、もう一度深いお辞儀をします。

作法を大切にすると、自然に深い呼吸になり、心が整います。そうすると、神様という大きな存在とつながっている気持ちになれるものです。

お寺のお参り

「比叡山延暦寺《ひえいざんえんりゃくじ》」「高野山金剛峯寺《こうやさんこんごうぶじ》」のように、お寺の名前には山の名前がついています。これを「山号《さんごう》」といいます。

そもそも、お寺は僧侶の修行の場であり、人里離れた山のなかに建てられていたからです。その後、布教のために市中にも建てられるようになりましたが、山号をつける慣習が残ったようです。

お寺の門は、煩悩《ぼんのう》にあふれる人間界と穢《けが》れのない仏様の世界の境界です。

「山門《さんもん》」あるいは「三門」と書きます。山門は文字どおり、山（お寺）に入る門の意味です。三門は「三解脱門《さんげだつもん》」の略です。

「解脱」とは悟《さと》りに至ることですが、三門の意味にはいくつかあるようです。ひとつは、解脱のために通過しなければならない三つの関門（空《くう》・無相《むそう》・無作《むさく》）をあらわしているといわれます。また、仏教でいう貪欲《とんよく》（むさぼり）、瞋恚《しんい》（いかり）、愚痴《ぐち》（おろかさ）の三毒から離れて、浄土に入る門ともいわれます。

お寺のお参りの作法は、神社とほぼ同様です。

❶山門（三門）の前で立ち止まり、帽子をとって一礼し、境内へ入ります。

❷手水舎があれば、そこで手や口を浄《きよ》めます。

❸鐘楼の鐘をつくことができれば、お参りの前につきます。

❹最初にお参りするのは本堂に祀《まつ》られている本尊です。本堂の前に立ち、一礼し、お参りをする場所に進みます。そこでお賽銭《さいせん》を入れ、合掌。本尊の真言がわかれば、となえるとよいでしょう。ふたたび一礼してお参りを終えます。

❺ほかのお堂や塔に祀られている仏様もお参りするとよいでしょう。

寺院墓地へのお墓参りのときも、本堂をお参りしてからお墓に足を運びましょう。

お賽銭《さいせん》

お賽銭は、願いごとをかなえてもらうための料金ではありません。賽銭箱に「喜捨《きしゃ》」と書かれているように、「惜しむ心なく、喜んで捨てる」という意味です。

捨てるのはお金ではなく、物欲や財物に対する執着の心です。神様とつながりたい、仏様の心に少しでも近づきたいという気持ちで、見返りを求めないということです。

縁日

寺社でのお祭り、露店や屋台が立ち並ぶことを指して「縁日」という場合が多いですが、本来の意味は違います。

もとは仏教の言葉で、この世に生きている私たちが仏様と縁を結ぶ「結縁《けちえん》の日」を略したものです。昔は神仏習合だったので、神仏に縁のある日に、神社やお寺にお参りすることを意味しています。

縁日は、神仏によって毎月何日と決まっているものや、年に1回、月に1回、月や年に数回などさまざまです。

たとえば、薬師如来《やくしにょらい》は毎月8日、鬼子母神《きしもじん》は毎月8日・18日・28日の3回あります。

縁起

縁起がよい、縁起が悪い、などと
吉凶の前触れの意味で使っている言葉ですが、
そもそも仏教の重要な教えです。
「縁起」とは、ものごとは縁によって起こる
――この世のあらゆるものごとには
必ず原因と結果がある――という、
吉凶や運・不運とは無縁の教えです。
とはいえ、日本人の暮らしには
吉凶としての縁起も深く根づいています。
日本の伝統文化として、
楽しみ程度につきあえばよいかと思います。

大安・仏滅

「結婚式は大安の日にしよう」「友引だから葬儀をずらそう」などと、今日《こんにち》でも冠婚葬祭になくてはならないのが、日にちの吉凶を占う「六曜《ろくよう》」です。

ほとんどのカレンダーに記されていますから、けっこう気になるものです。

中国の「六壬《りくじん》」という占いが由来で、平安時代に日本に伝わったとされますが諸説あります。「先勝」「友引」「先負」「仏滅」「大安」「赤口」の6つが、この順番で毎日繰り返されます。

それぞれの意味は以下のとおりです。

【先勝】何ごとも積極的に行動することが吉。午前中が吉で、午後は凶。

【友引】お祝いごとは吉だが、弔事は凶。午前

中や夜が吉で、昼間は凶。
【先負】先立って行動することは凶とされ、何ごとも控え目にする。午前中は凶で、午後は吉。
【仏滅】何ごとも凶とされ、とくに新しく始めることがよくないとされる。一日中、凶。
【大安】万事に吉。結婚や旅行、移転など何ごとにもよい日。一日中、吉。
【赤口】お祝いごとには凶とされる。火や刃物によるケガに注意。朝夕は凶で、正午前後が吉。

友引は「友を引く」ので葬儀をおこなってはいけないというのは、たんなる語呂合わせによる迷信です。しかし、多くの火葬場が定休日にしているのが現実です。

六曜は、ふだんは過剰に気にしすぎず、自分が大事なときにちょっと気にする程度でよいのかなと思います。

清めの塩

葬儀から帰宅したとき、玄関前で体に塩を振りかけるならわしがあります。これを「清めの塩」といいます。

また、大相撲《おおずもう》では取り組み前に土俵に塩をまきます。相撲はもともと神事であり、日本では古来、塩には穢《けが》れを浄《きよ》める力とともに、あらゆるものを再生させる力が宿っていると考えられてきたことからです。

神道では、死を穢れと考え、葬儀場でついてしまった穢れを家のなかに持ちこまないために玄関前で体に塩をかけます。

ただ、清めの塩は仏教とは関係のないならわしです。仏教では、死者は成仏《じょうぶつ》する（仏に成る）ものですから、死を穢れとは考えません。そのため仏教の葬儀では、本来であれば清めの塩は必要ないのです。

しかし、神仏習合によって仏教の葬儀でも清めの塩を使うならわしが残ったようです。

ちなみに、浄土真宗では清めの塩を強く否定しています。それは、阿弥陀仏《あみだぶつ》の導きによって人は亡くなると同時に成仏するという教えだからです。

鬼門《きもん》

「鬼門」とは、北東の方角のことです。文字どおり、鬼（邪気）が出入りする不吉な方角とされます。

鬼門の起源は古代中国とされ、日本に伝わり、平安時代に「丑寅《うしとら》の金神《こんじん》」といわれる陰陽道《おんみょうどう》の祟《たた》り神《がみ》と合わさり、もっとも恐れられる方角となりました。

都を建設するときには、鬼門にあたる北東の方角に鬼門よけとして大寺院が建てられました。平安京では比叡山延暦寺《ひえいざんえんりゃくじ》、江戸では東叡山寛永寺《とうえいざんかんえいじ》がそれにあたります。

また、北東（丑寅）の方角を「表鬼門」、南西（未申《ひつじさる》）の方角を「裏鬼門」と呼び、ともに不吉な方角といわれます。

家を建てるときには、玄関、台所、トイレ、風呂などの水まわりを、両鬼門の方角を避けるとよいとされています。

ただ、建売住宅やマンションではそうはいきません。そのため、気になる人は、鬼門封じの護符を祀《まつ》ったり、厄払いをしてもらったりしているようです。

日本人には、厄払いをすれば、穢《けが》れや厄災の種がなかったことになる、「これで大丈夫」と思える、という考え方が根づいていると思います。

吉凶の言い伝えは気にしすぎない、気になるようなら厄払いをしてもらう——深く考えすぎないのがよいでしょう。

縁起物

よい出来ごとが来るようにと願いをこめたものを広く「縁起物」といいます。

だるま、招き猫、熊手《くまで》、七福神、朝顔、ほおずき、千歳飴《ちとせあめ》、破魔矢《はまや》、起き上がり小法師《こぼし》、しゃもじ……思いつくまま挙げてみても、両手ではおさまりません。

だるま市、朝顔市、ほおずき市、熊手を売る酉《とり》の市など、縁起物を売る縁日が年中行事になっている寺社もあります。

縁起物を手にとって、ちょっぴり幸せを感じる——そんな心のつくり方も、日本人らしさかもしれません。

第2章

ことわざ

ことわざを自分のものにできれば、精神力、すなわちメンタルが強くなります。自分の心を自分で支えるのはなかなか大変なことです。

人間関係がうまくいかなかったり、仕事で行き詰まったりしたときには、「自分だけがこんなにひどい思いをしているのではないか」「私だけ運が悪いのではないか」と思いがちです。それがメンタルの弱さにつながっていきます。そんなときに救世主となってくれるのが〝ことわざ〟です。

ことわざは、今日《こんにち》まで人々が生きてきた叡智《えいち》の結晶《けっしょう》です。

昔の人々が経験してきたなかから「誰でもこういうふうに感じるよね」ということを言い伝えてきたもので、それが長い期間を経て醸成《じょうせい》されたのです。

いまの自分の心境にしっくりくることわざが見つかると、「昔からこういうことがあったんだ」「誰にでも起こることなんだ」とわかります。そして「自分だけ弱いわけじゃない」「自分だけ運が悪いわけじゃない」と心が安らぎます。

人には、こうした共感が大切です。「あぁ、そうだよね」と他人と共感できると、気持ちが楽になり、前へ進むエネルギーが湧いてきます。共感できる人がいつも近くにいればいいのですが、必ずしもいるわけではありません。

そこで〝ことわざ〟なのです。

たとえば、何度も失敗を繰り返しあきらめかけたときに、《七転び八起き》ということわざを思いだすと、「7回転んでも8回起きればいいんだな。いや、オレは20回転んでも21回起きてやる！」と前向きに考えられるでしょう。

こんなことわざの活用法もあります。

悪いことが二度続けてあったときに《二度あることは三度ある》と、次に悪いことが起こらないように気を配る。あるいは、《三度目の正直》と思い直し、次はきっと良いことがあると、ワクワク期待しながら待つ。

これらはまったく違う意味のことわざですが、自分の都合のいいように使いこなし、常にメンタルを前に向けるように利用するのです。

ことわざは、一つずつ相反する意味がある、同じ意味のことわざがいくつも存在する、正反対の意味を持つことわざが存在するなど、さまざまです。それらを都合のいいように使いこなすのです。

私たちは〝ことわざ〟という精神文化に支えられている

ことわざは、心の安定剤でもあります。

自分の心を自分だけに閉じず、〝ことわざ〟という今日までの歴史とつながることで、心が安定するというわけです。

なぜ、心が安定するのか――それは、ことわざは精神文化だからです。

私たちひとりが生まれてからこれまで生きてきた時間はわずかです。そのため、一人ひとりの心はちっぽけなものです。そこで、最大公約数である〝ことわざ〟という精神文化にふれることで一体感を得て、心が安定するのです。積み重なった精神文化の上に心がのっかっているという感覚です。

私は、大学生を相手に授業をしているときも、ことわざを多用します。ことわざの多くは、生きていくうえでのヒントや知恵を、ユーモアを交えて、テンポよく、そしてイメージしやすく表現しています。

ことわざを交えて話をすると学生たちは皆、聞き入ってくれます。何しろ、ことわざを交えると話がふくらみますから授業が楽しくなります。そして、共感してくれます。

彼らはことわざの精神文化を受け継いでくれます。私の教え子には教員になる学生も多いですから、彼らがそれを子どもたちに伝えてくれることを期待しています。

第2章 ことわざ

さて、ことわざは日本古来のものばかりでなく、中国由来や西洋由来など輸入されたものが数多くあります。

中国由来では、孔子《こうし》の教えである『論語』をはじめ、老子《ろうし》や荘子《そうし》の言葉、漢詩の言葉、『三国志』など歴史書からの言葉があります。

西洋由来では、『聖書』であったり、著名人の言葉であったり、シェイクスピア劇のセリフがそのままことわざになったものも多数あります。

昔から日本人は外来文化を柔軟に受けいれてきました。日本人なりに吸収し、独自の日本文化として形成することに長《た》けています。ことわざも同様です。世界中のことわざから日本人の価値観や行動様式にあったものが選び抜かれ、いまに伝わっているのです。

本章では、「人生」「人間性」「社会生活」「日常」「自然・文化」とテーマ分けしましたが、これはあくまでも便宜的なものです。ことわざは、時と場面に応じて自分の都合のいいように使ってください。使えば使うほどに、ことわざの豊かさや奥深さを感じられるはずです。

人生

自然体で受け流す、やわらかな心

柳《やなぎ》に雪《ゆき》折《お》れなし

意味　柳の枝はよくしなるので、雪が積もっても適当に振り落とし、折れることがない。やわらかくしなやかなものは、堅いものよりかえって試練に耐えたり丈夫であったりする。

《柳の枝に雪折れはなし》《柳に風折れなし》ともいいます。

つらい感情を正面から受けとめようとすると、心がバキッと折れてしまうかもしれません。つらいことがあってもやわらかな心でいれば、柳の枝のように、するりと受け流せます。

体調においても同様です。昭和天皇は、健康の秘訣をたずねられたときに「柳に雪折れなし」とお答えになったそうです。どのようなときも、

自然のまま無理をしないことが大切ですね。

命とは、今日とも明日とも知れないもの

朝《あした》に紅顔《こうがん》ありて夕《ゆう》べに白骨《はっこつ》となる

意味 朝は健康そのものだった若者も、夕方には亡くなって白骨となる。人の生死ははかり知れず、世の無常なことをいう。

浄土真宗中興の祖、蓮如《れんにょ》の言葉です。

蓮如は、布教の手段として浄土真宗の教えを手紙に認《したた》めて全国の信者に送りました。これが『御文章《ごぶんしょう》』（御文《おふみ》）としてまとめられています。

《朝に紅顔ありて……》は、そのなかの「白骨の章」の一節です。

浄土真宗のお葬式ではたいてい読まれるので知っている人も多いと思います。

人の命ははかないからこそ、生きている時間は尊いものですね。

私は誰かがうらやましいという気持ちになったときに、この「白骨の章」を思いだして気をまぎらわせます。

「私より幸せそうだ」「私が持っていないものを持っている」――対象の人物をうらやましく思うとき、彼も私も、今日、白骨になってしまうかもしれないのだと思えば気が楽になります。くだらないことですが、そんなやり過ごし方で、心がちょっぴり整うような気がします。

変化はポジティブにも考えられる

諸行無常《しょぎょうむじょう》

意味 この世に存在するすべてのものは常に変化し、ひとつとして永久不変なものはない。「諸《しょ》法無我《ほうむが》」「涅槃寂静《ねはんじゃくじょう》」とともに仏教の根本をなす三つの法則〝三法印《さんぼういん》〟のひとつ。

釈迦《しゃか》は、「この世は苦を避けて通れないのに生きる意味があるのか。苦を克服し、幸せに生きる方法はないのか」を問うて出家し、修行を重ねました。そして、たどり着いた真理が〝三法印〟です。

「すべてのものごとは常に変化し影響しあっている（諸行無常）。何ひとつとして独立して存在するものはない（諸法無我）。それなのに、不変のものとして執着しているから苦が生じるのである。その執着がなくなれば、安らかな気持ちになれる（涅槃寂静）。」

これは第一に、現実をありのままに把握することの大切さを述べています。

さて、諸行無常といえば『平家物語』の冒頭を思いだす人も多いでしょう。

《祇園精舎《ぎおんしょうじゃ》の鐘《かね》の声《こえ》、諸行無常《しょぎょうむじょう》の響《ひび》きあり。沙羅双樹《さらそうじゅ》の花《はな》の色《いろ》、盛者必衰《じょうしゃひっすい》の理《ことわり》をあらわす。……》

その意味は、「祇園精舎の鐘の音《ね》は、ものごとは変わりゆくものであると教えている。沙羅双樹という木の花の色は、どれほど栄えている者も必ずいつか衰えるものであるという道理をあらわしている……」となります。

沙羅双樹は、黄色みがかった白い花が咲きます。その色もさることながら、朝、花を咲かせ、夕方には散ってしまう一日花《いちにちばな》であることから、命あるもののはかなさを感じさせます。

わが家の庭にも沙羅双樹があります。やはり、きれいに咲いたなと気づいた夕方には散っていて、思わず《祇園精舎の鐘の声……》とつぶやいてしまいます。

ところが最近わかったのですが、沙羅双樹は日本の気候では育たないらしく、ナツツバキの別名として沙羅双樹と呼んでいるそうです。

わが家の木もナツツバキなのですね。

諸行無常には、寂しいとか悲しいという感情が思われますが、いっぽうで前向きなとらえ方もできます。

古代ギリシャの哲学者ヘラクレイトスは、「パンタレイ（万物《ばんぶつ》は流転《るてん》する）」という言葉を残しました。あらゆる存在は時の流れとともに変化していくことを述べています。

流転するのだから、現在どれほど苦しくても、必ず明るい未来がおとずれる、とも考えられますね。

積み重ねは自信につながる

雨《あま》垂《だ》れ石《いし》を穿《うが》つ

意味 「雨垂れも長い間同じ場所に落ちつづけると石にでも穴をあける」というところから、小さなことでも続ければ、やがて大きなことができる。根気よくやれば成功につながる。

この言葉を聞くと、私は決まって、日米野球界で活躍したイチローさんを思い浮かべます。

彼は、こんな言葉を残しています。

「努力せずに何かできるようになる人のことを天才と言うのなら、僕はそうじゃない。努力した結果、何かができるようになる人のことを天才と言うのなら、僕はそうだと思う。人が僕のことを、努力もせずに打てるんだと思うなら、それは間違いです」

小さなことを一つずつ積み重ねて大きなことを成し遂げるという、まさに〝雨垂れ石を穿つ〟イチローさんのプロ野球人生でした。

また、プロボクシングでアジア人初の4団体統一王者となった井上尚弥さんのお父さんの真吾さんは、『努力は天才に勝る!』(講談社)という著書のなかで、「基本の積み重ねが大事。近道はない」とおっしゃっています。

天才と言われている人ほど、努力を惜しまないものですね。

〝石を穿つ〟ほどの努力が素晴らしいのは、その努力の積み重ねが自信につながるところです。たとえ結果を残せないとしても、努力をしたという事実は揺るがないのです。

ちなみに、「穿った見方」という言葉があります。「君は穿った見方をするね」と言われたら、あなたは評価されていると感じますか、それとも批判されていると感じますか――。

穿った見方とは、本来は「ものごとの本質を的確にとらえた見方をする」という意味ですが、「疑ってかかるような見方をする」の意味で理解している人が多いですね。ご注意ください。

ズルをして生きないという戒《いまし》め

人《ひと》は一代《いちだい》名《な》は末代《まつだい》

意味　人の身は一代で滅びるが、良きにつけ悪しきにつけ、その名は死後も長く残る。だから、後世に恥を残すような生き方をしてはならぬ、という教訓。

「人は一代、名は末代。天晴《あっぱれ》武士の心かな」

戦国武将の加藤清正は、優れた武士の心構えとして、この言葉を残しています。

武士は、名誉、名を残すことを第一にしました。命よりも名誉のほうが大事だから、切腹があったのです。

「名折れ」という言葉もあります。名が折れることがいちばんの恥ということです。

恥を残さない生き方をしようと思っていると、自分のなかに一本筋が通ります。ズルをして生きるよりは、恥ずかしくない生き方をしたいものです。

切腹のない現代にあっても、名誉を重んじる生き方は清々《すがすが》しい感じがします。

お金と名誉のどちらを取るかというときに、名誉を重んじることは自分を励ますことにもなるのではないかと思います。

困ったらアイデアで乗り越える

窮《きゅう》すれば通《つう》ず

意味 行き詰まって、どうにもならないところまで来てしまうと、案外、その状況を打開する道が開けるものである。

《窮《きゅう》すれば則《すなわ》ち変《へん》ず。変《へん》ずれば則《すなわ》ち通《つう》ず》(行き詰まってどうにもならなくなると、何かが変わらざるを得なくなる。何かが変わると、案外、道は開けてくる) という、古代中国の『易経《えききょう》』にある言葉からきています。

処世において問われるのは、行き詰まったときの生き方ではないでしょうか。

《窮《きゅう》すれば濫《らん》す》(行き詰まってしまうと、人は善悪の見境がなくなり、どんな悪いことでもやってしまう)

《窮《きゅう》すれば鈍《どん》する》(困難に陥ったり、貧乏になったりすると、どうしてよいかわからなくなり、知恵が鈍《にぶ》ってしまう)

こんなことわざもあるように、窮して心が乱れてしまうと、何をしでかすかわかりません。

そこで、困ったときにはどうするか——。

黙って見過ごしていても活路は開けません。『易経』で言う《窮すれば通ず》とは、まず状況を切り抜けるためにアイデアをふりしぼることです。いろいろなアイデアを出しているうちに、困難を乗り越える活路が開けるでしょう。
《必要は発明の母》ということわざもあります。必要に迫られると、新しい発明や工夫が生まれるのです。

引き際は美しくありたい

功《こう》成《な》り名《な》遂《と》げて身《み》退《しりぞ》くは天《てん》の道《みち》なり

意味 成功を収めて名誉を得たあとは、その地位からすみやかに身を引くのが、自然の法則にかなった生き方である。

功績を汚さないための賢明な身の処し方を述べています。

どのような世界でも同じだと思いますが、テレビの世界を見ていると、この言葉の意味が際立ちます。

大物タレントが席を長く確保していると、次にその席を狙う若いタレントがなかなか育ちません。いまは視聴者の目も肥えているので、常に新陳代謝をしないと視聴率にも影響します。

だから、成功を収めて名誉を得た大物のなかには、すみやかにその地位から身を引いて、後進に席を譲る人もいます。この引き際が美しい人こそが、いつまでも語り継がれるのです。

もちろん、その地位から身を引くだけであり、人生が終わるわけではありません。また新たにやるべきことを見つけるのです。人生とは学びつづけることなのです。

人生の区切りにあるべき姿を示す道しるべ

六十《ろくじゅう》にして耳順《みみしたが》う

意味 人間は、年を重ねて60歳くらいになると品性の修養が進み、人の言うことを聞いて素直に理解できるようになるものだ。

『論語』にある有名な一文です。

《子曰《しいわ》く、吾《われ》十有五にして学に志す。三十にして立つ。四十にして惑わず。五十にして天命を知る。六十にして耳順う。七十にして心の欲《ほっ》する所に従えども矩《のり》を踰《こ》えず》

その意味は以下のとおり。

「私は15歳のときに学問で身を立てることを決意した。30歳で学問を修《おさ》めて自立した。40歳ではものごとを決めるときに迷うことがなくなり、50歳で自分が天から与えられた使命を悟《さと》った。60歳になって、自分と異なる意見や他人の忠告に素直に耳を傾けることができるようになり、70歳でようやく自分の思いどおりに行動しても道を踏み外すことがなくなった」

孔子《こうし》は、このように自らの人生を振り返りました。孔子ほどの偉人でも、精進《しょうじん》に精進を重ねて立派な人物になれたのですね。

ここから、「志学《しがく》（15歳）」「而立《じりつ》（30歳）」「不惑《ふわく》（40歳）」「知命《ちめい》（50歳）」「耳順《じじゅん》（60歳）」「従心《じゅうしん》（70歳）」など、年齢をあらわす言葉が生まれました。

人生の区切りにこの言葉を思いだすと、「ようやくここまで来た。次の道を目指して精進しよう」と、人生の目標になります。

牛のように一歩一歩進む

馬《うま》に乗《の》るまでは牛《うし》に乗《の》れ

意味　高い地位に就《つ》くには、その前に低い地位で実力をつけよ、というたとえ。

「いきなり高い地位に就くことはできない。いま割り当てられた仕事を一生懸命やりなさい。そうすれば必ず評価されます」という教えです。牛はスケールが大きく、一歩一歩前に進む真面目さがあります。

夏目漱石は、若い弟子の芥川龍之介らに「牛のように進め」という手紙を認《したた》めています。

「むやみにあせってはいけません。ただ牛のように図々しく進んでいくのが大事です」「牛になることはどうしても必要です」「牛は超然として押していくのです」と繰り返し書いています。

漱石は、「拙速《せっそく》な馬になることを世間は評価しませんよ」と言っているのかもしれません。

人間性

数秒間、耐えるワザを見つけよう

成《な》らぬ堪《かん》忍《にん》するが堪《かん》忍《にん》

意味 とても堪忍できないようなことをじっと耐え忍ぶのが本当の我慢である。

誰でも我慢できるようなことを我慢するのは、我慢のうちに入らない。絶対に許せないようなことを許すことこそ本当の我慢である——なかなか厳しい言葉ですね。その境地に達するのは容易なことではありません。

相手に怒りの感情をぶつけてみても、ほとんどの場合、「言いすぎてしまった」「あんなに怒らなければよかった」と後悔するのが現実です。

近年、アンガーマネジメントという、怒りを上手にコントロールする方法が注目されています。そんな方法を試してみるのもよいかもしれません。

私は我慢できないことがあると、心のなかで

《成らぬ堪忍するが堪忍》と、お経のようにとなえながら10秒ほどじっと耐えます。

そのときは10秒が長く感じられるものですが、耐えているうちに自然と怒りが鎮《しず》まってくるのがわかります。

自分なりのルールを決めておけば、怒りの感情とうまくつきあっていけるでしょう。

勇気を持って行動に移せるかがポイント

義《ぎ》を見《み》てせざるは勇《ゆう》なきなり

意味　人として為《な》すべきことと知りながら、それを実行しないのは勇気がないからである。

『論語』のなかの言葉です。

いまの時代、正義だと思ったら勇気を持って行動することが重要になっています。

汚職や企業不祥事の多くは、内部告発が発端となり世間の目にさらされます。正義感を持った心ある人が思いきって告発することで、世の中の流れが大きく変わることが実際にあります。

また、不条理なことによって誰かが困っているときに、「それは、よくないことだ」「正義に反する」と団結を呼びかけ、闘うことで権利を守り抜く、ということもあります。

SNSの普及により、こうした正義に反することへの団結は広がりやすくなりました。

私には関係ないと知らんぷりすることは簡単です。しかし、それでは何の解決にもならないどころか、問題が増長するばかりです。

「しらんぷり　あなたもいじめの共犯者」

これは、鳥取市でおこなった人権標語募集（2020年）の入賞作です。

見て見ぬふりは卑怯なことだと、胆《きも》に銘じたい言葉ですね。

間違いを犯したら、まず改める意思を示す

過《あやま》ちて改《あらた》めざる是《これ》を過《あやま》ちという

意味 過ちは、即座に改めることで過ちでなくなる。本当の過ちは、過ちと知っていながら、それを改めないことである。

これも『論語』からです。

間違いはやむを得ないものです。誰にでも間違いを犯すことはあります。それでも、間違いを反省し、二度と失敗を繰り返さなければよいということです。

間違いとわかっていながら改めない、それが最悪です。企業不祥事にもありますが、その結果として、より重大な悪い結果がもたらされることになります。改め方は大事です。

たとえば、学生が遅刻したとき。

謝るより先に、遅刻した理由を述べる学生には、（この子は、また遅刻するだろうな）と思います。遅刻を反省し二度と失敗を繰り返さないという、改める意思が感じられないからです。

「申しわけありません。今後、二度と繰り返しません」

キッパリと謝ることができる学生は清々《すがすが》しく感じます。そして、(もう、この子は遅刻しないだろうな)と思い、期待します。

失敗を犯しても、改める意思を示すことで、むしろ印象がよくなるのです。

過度な期待をしない

天《てん》を怨《うら》みず人《ひと》を尤《とが》めず

意味 わが身の不遇を天に呪《のろ》ったり、人のせいにしたりして責めたりしない。すべての原因は、自身の未熟さや過失にあると反省し、自分のできることをする。

『論語』にある言葉で、《天《てん》を怨《うら》みず、人《ひと》を尤《とが》めず、下学《かがく》して上達《じょうたつ》す》と続きます。

孔子《こうし》は自分の生き方を、「思うようにはならなかったが、為《な》すべきことをしているのだから、天を恨《うら》むこともなければ、人をとがめることもしない。初歩的なことから学びはじめ、高い境地を目指してきた。私はそういうふうに学問をしてきた」と述べています。

西郷隆盛は、《敬天愛人《けいてんあいじん》》という言葉を大事にしていました。「天を畏《おそ》れ敬い、人を慈《いつく》しみ愛する」という意味です。

西郷も孔子と同様に、天を意識し、人を恨まないことを大事にして学びつづけたのです。

「恨まない」とは、過度な期待をしない、ということにも通じます。

期待すると恨みが生じます。よく会話のなかやSNSで、「絶対許せない」とか「裏切られた」という言葉を見聞きします。

そういった言葉を使う人は、ちょっと子どもっぽいと感じます。期待しすぎるから、裏切られ感が強くなるのでしょう。よほどひどい裏切られ方をされたときは別ですが、原因は自身の未熟さにあるという考え方も大切です。

過度な期待をせず、ゆったりとした気持ちで接していれば、恨みは生じないはずです。

先入観に縛られない

人《ひと》には添《そ》うてみよ 馬《うま》には乗《の》ってみよ

意味 馬の良否は乗ってみなければわからないように、人の本質も親しく交わってみなければわからない。何ごとも実際に試してみよ、ということ。

私が心に刻んでいることわざのひとつです。

誰でもそうだと思いますが、「この人、苦手だなぁ」と感じることはあるでしょう。

「こんなに押しが強い人とは話しにくいな」「協調性がなさそうな人だな」「ぜんぜん話がかみあわなさそうな人だな」――私はテレビを観ていて、そんな苦手意識を持つ人がときどきいます。そう思っている人とテレビで共演したり、対談する機会もあります。本番に入る前は、「ちょっとイヤだなぁ」と気が重くなります。

ところが実際お目にかかってみると、ほとんどの人は、もう一度会いたいと思える素晴らしい人ばかりです。

まさに《人には添うてみよ》――実際に会ってみなければその人の本質はわからないのです。

冷静に考えてみると、本当に感じの悪い人がテレビ界で生き残れるはずがありません。私の偏見を反省するばかりです。

もし会ってみて、やっぱり苦手だなと感じたときには、距離をとればよいでしょう。

つらさを忘れないことが次の飛躍につながる

臥《が》薪《しん》嘗《しょう》胆《たん》

意味 復讐《ふくしゅう》を心に誓って苦労に耐えること。また、将来の成功を期して努力を重ねること。

古代中国の歴史書『史記』にある言葉です。

呉《ご》と越《えつ》が戦いを繰り返していた時代、呉王は薪《まき》の上に寝て背中の痛さを感じ、越王は苦い熊の胆《きも》をなめて、復讐心を忘れなかったそうです。「自分がやるべきことを忘れない」ことですね。

プロボクサーの井上尚弥さんは、「1ポイント差は紙一重。わずかな差が天国と地獄」という言葉を紙に書いて、自宅のリビングに貼っているそうです。

高校3年のときに出場したアジア選手権の決勝で判定負けし、惜しくもロンドンオリンピック出場を逃しました。その敗れたときの悔しさを胆に銘じているのでしょう。

　悔しいことは、一刻も早く忘れたいと思うものです。それを、「もう二度とそんな思いはしない」と心に誓って、あえて忘れないようにする。それが飛躍への第一歩になるのです。

どこにいてもチャレンジは続けられる

人間《じんかん》到《いた》る処《ところ》青《せい》山《ざん》あり

意味 世の中どこで死んでも、骨を埋める場所くらいはある。広い世間に出て大いに活躍すべきである。

「人間《じんかん》」とは、人の住む世界、この世の中、の意味です。

　これは、攘夷《じょうい》海防を説いた幕末の僧、月性《げっしょう》が27歳のとき、大坂で勉学するために故郷の周防《すおう》（山口県南東部）を旅立つにあたって詠《よ》んだ漢詩の言葉です。

「学問が身につかなかったら帰ってはこない。故郷の墓地に葬《ほうむ》ってもらおうとは考えていない。世の中、どこへ行っても墓場はある」

　新しく何かにチャレンジしようと思ったときに、気持ちが盛り上がる言葉です。

　いっぽうで、「どこで死ぬにしても墓場はあるんだから大丈夫。気負うことはない」という、気楽さにつながる言葉でもあると思います。

施しに必要なものは何か

長者《ちょうじゃ》の万灯《まんとう》より貧者《ひんじゃ》の一灯《いっとう》

意味 金持ちの多くの寄進よりも、わずかでも貧しい者の心のこもった寄進のほうが功徳《くどく》が大きい。寄進の多少よりも真心が大切である。

貧困や病に苦しむ人々の救済に生涯をささげたマザー・テレサ。彼女は、救済者からの寄付についてこんな言葉を残しています。

「余ったもの、残りものはいりません。私たちが仕えている貧しい人たちは、あなた方からの憐《あわ》れみも、見下すような態度も必要としていないのです。彼らが必要としているのは、あなた方の愛と親切なのです」

自分にとって大切なものだからこそ、寄付することに価値があるのです。

大金持ちが大金の施《ほどこ》しをするのももちろんよいことですが、貧しい人でも精一杯のことをする、その気持ちがなお尊いということですね。

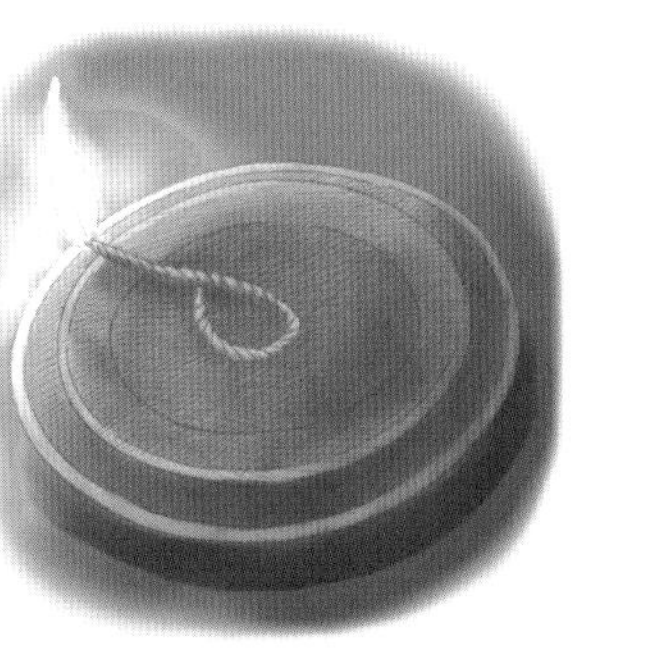

社会生活

見た目より中身が大事

頭《あたま》剃《そ》るより心《こころ》を剃《そ》れ

意味　頭を剃って形だけ僧になるよりも、まず心を清浄に改めよ。外形よりも精神が大事だ、ということ。

浄土真宗の宗祖である親鸞《しんらん》は、自らを「愚禿《ぐとく》親鸞」と名のりました。「私は、外見こそ頭を剃り、僧のようにふるまっているが、中身は煩悩《ぼんのう》にまみれた愚か者である」という意味です。

親鸞は結婚して子どもをもうけ、僧侶でも俗人でもない〝非僧非俗〟という立場を生涯貫きました。

それでも、親鸞はきわめて偉大な宗教家でした。見た目やふるまいより、信仰心が大切であることを身をもって示しました。その結果、浄土真宗は現在に続く大教団に発展したのです。

ところで、「京都の花街《かがい》は僧侶でもっている」

ということを聞いたことがあります。有名寺院の僧侶が快楽を貪《むさぼ》っているとか……。もしそうであれば、〝頭剃るより心を剃れ〟と言いたいですね。

逆に、一般の人でも悟《さと》りを開いた仏様のような人もいます。私の友人にも、かれこれ40年もつきあっているのにこれまで一度も声を荒げたことのない人がいます。よほど情緒が安定しているのでしょう。見習いたいものです。

《頭剃るより心を剃れ》は精神の修養に関することわざですが、ワザや技術を習得するためには〝形から入れ〟のほうがしっくりくる場合もあります。

まず外見や形を整えることでモチベーションが上がったり、その外見に追いつこうと努力したりするからです。

何かを始めるときに、「これは〝頭剃るより心を剃れ〟だな」、「これは、形から入ろう」と、意識して使い分けるとよいでしょう。

必要な分だけで満足すると幸せになれる

起《お》きて半畳《はんじょう》寝《ね》て一畳《いちじょう》

意味 人間に必要な広さは、起きているときには半畳、寝ても一畳あれば足りる。必要以上の贅沢はつつしみ、満足を知ることが大切である、という教え。

この言葉のあとに、《天下取っても二合半》と続けて言う場合もあります。

「たとえ出世して天下を取った人でも、一食に二合半の米を食べるのが限度なんだから、欲張りなさんな」ということですね。

また、老子《ろうし》は、《足るを知る者は富む》という言葉を残しています。「満足する意識を持つことで幸せになれる」ということですね。

たしかに、「足りている」という感覚は大切です。「足りない」と思っていると、いつもハーハーと息苦しくなります。

ロシアが生んだ文豪トルストイは、『人にはどれほどの土地がいるか』という短編小説を残しています。

土地があれば幸せになれると考えている主人公に、「日没までに1周できた広さの土地を売ってやろう。しかしもどってこれなかったらお金を失い、土地も受けとれない」という商談がきます。それを受けた主人公は、必死に歩きまわって日没前にようやく元の位置にたどり着いたとき、死んでしまった、というあらすじです。

結局、最後には棺を埋める土地しか必要なかったわけです。人間の欲望の果てしなさがよくわかりますね。

逆の意味でも使える便利なことわざ

転《ころ》がる石《いし》には苔《こけ》が生《は》えぬ

意味 活発に活動をしている人は時代に取り残されることがない、というたとえ。また逆に、転居や転職を繰り返す人は財産や地位も身につかない、というたとえとしても使われる。

このことわざを聞くと、イギリスのロックバンド、ローリング・ストーンズを思いだすのは、私だけではないでしょう。

70代になっても立ち止まることなく活動を続ける彼らは、まったく古くなりません。まさに、《転がる石には苔が生えぬ》を地《じ》で行っています。また彼らは、時代が変わり、変化していくことはよいことなんだと思わせてくれます。

いっぽうで、このことわざの面白さは、まったく逆の意味があるところにあります。

「常に転がっている石には苔もつかない。だから一所に腰を落ち着けて頑張りなさい」と言っています。

どちらでも、自分のいいように使える、言葉の便利さを感じることわざです。

縁を理由にすると気が楽になる

袖《そで》振《ふ》り合《あ》うも多生《たしょう》の縁《えん》

意味 道を行くとき、見知らぬ人と袖がふれあう程度のことも、前世《ぜんせ》からの因縁《いんねん》による。どんな小さなこと、ちょっとした人との関わりも偶然に起こるのではなく、すべては深い宿縁《しゅくえん》によって起こる、ということ。

〝多生の縁〟とは、仏教語です。

何度も生まれ変わり死に変わりする間に結ばれた縁をいいます。

科学的かつ合理的に考える傾向の私は、「前世」というものをまったく信じていません。占いで「あなたの前世は……」と言われても、何も感じません。

しかし、縁を感じることはあります。人との出会いで偶然に偶然が重なると、「この人と袖を振りあっている」と思い、何かの縁を感じます。

旅行先で昔の知り合いにばったり会い、「こんな偶然ある!?」と、お互いに驚くようなことは一度や二度ではなくあるものです。こんなことにも縁を強く感じます。

かつてはお見合い結婚も多く、仲人《なこうど》さんに「これもご縁なので」と言われ、お互いをよく知らないうちに結婚することがありました。それがよかったかどうかはわかりませんが、縁を信じて人生を決めるのも、なかなか強さのある生き方ではないかと思います。

私はときどき、縁を利用します。それは、ものごとがうまくいかなかったときです。失敗にこだわりすぎず、「これは縁がなかったんだろうな」と思うことで気が楽になります。

財《ざい》少《すく》なければ悲《かな》しみ少《すく》なし

平凡は悪いことではない

意味 財産がわずかでも、そのぶん、悩みごとや悲しいことは少ない。金持ちでなければ、それだけ気楽であることをいう。

たしかに、わずかな財産しかなければ、遺産相続で争いは起きないでしょう。

お金があると、たとえ仲のいい家族や親戚でも骨肉の争いが起こることがあります。

お金がないからといってあくせくせず、「だから悲しみが少ないんだ」と思っているほうが気楽ですね。

また、お金の出入りが少ないというのも、けっこう幸せだともいえます。

私は、歌手の美輪明宏さんと仲よくしていただいていて、ときどき楽しくお話ししています。美輪さんの著書に『ああ正負の法則』（ＰＡＲＣＯ出版）があります。

その本のなかで美輪さんは、「大きく良いことがある人は、大きく悪いこともある。プラスもマイナスも大きい。いっぽうで、小さなプラスしかない人は、マイナスも小さい。だから、平凡というのは悪いことではない」とおっしゃっています。

たしかに、芸能ニュースを見ていると、大きな成功を収めた人がとんでもないマイナスを背負うことがあります。

それを思うと、財産が少ないことも、お金の出入りが少ないことも、それなりに幸せではないでしょうか。

「忠言」を「助言」にポジティブ変換

忠《ちゅう》言《げん》耳《みみ》に逆《さか》らう

意味　真心をこめて諫《いさ》める言葉や忠告は、非難されているようで素直に聞き入れられない。しかし、反省し、その言に従うことが結局は自分のためになる、という教え。

『史記』などによく登場する言葉です。孔子《こうし》は《良薬は口に苦《にが》けれども病に利あり、忠言は耳に逆《さか》らえども行《おこな》いに利あり》と言っています。

相手が自分のことを思って言ってくれるのは親切心からです。ただ、昨今は、嫌われるのがイヤなので、あまりアドバイスしない人のほうが多いようです。親しい友人にも、「やめたほうがいいよ」のひと言が言えないことがあるでしょう。

忠言は、「こうしないとダメだよ」「こんなことしていちゃ、キミはいずれダメになる」というように、否定的な言葉になってしまいます。それが相手の耳に逆らいます。

相手に忠言を聞き入れてもらうには、ポジティブに変換して話すのがよいと思います。

学生に否定的な言い方でアドバイスしたら、その学生は次の週から授業に出席しなくなります。だから私は、すべてのアドバイスをポジティブに変換して言うように心がけています。「こうしたらダメ」ではなく、「こうするといいよ」というようにポジティブな言い方をすると、学生たちは聞いてくれます。

しっかり注意しなくてはいけないときには、ご機嫌な感じでニコニコしながら、優しい言い方で伝えるようにしています。

アドバイスは肯定形に変えていくことが、いまの時代では必要です。

親切はめぐりめぐって自分のためになる

情《なさ》けは人《ひと》の為《ため》ならず

意味 人に親切にすることは、けっして相手のためだけではない。親切にすれば、めぐりめぐってやがては自分にもどってくるものだ。

「親切にしたり、情けをかけるのは、その人のためにならない」という意味だと思っている人が多いのでご注意ください。

このことわざは、仏教語の《善因善果《ぜんいんぜんか》》（よいおこないには果報がある）と同じ意味です。

「自分が他人にした親切は忘れてよい。しかし、他人からしてもらった親切は忘れてはいけない」という教訓でもあります。

私は〝褒《ほ》めは人の為ならず〟と変換して使っています。「褒めることは、めぐりめぐって自分にもどってくる」ということです。

「あの人が○○さんのことを褒めていたよ」という言葉がめぐりめぐって、〝褒め〟の全体量が増えていきます。そうすると、世の中は幸せに、人々は笑顔になる、というわけです。

私の講義では、学生4人が順番に発表したあと、お互いに他の学生を褒めあうというルールを設けています。

「ウソくさくてイヤだなぁ」と思うかもしれませんが、意外に効果があります。褒められることが事前にわかっているのに、実際に褒められると気持ちいいのです。

そして、もっと褒められたいと思い、次回はさらによい発表をしてくれます。

必ず双方に言い分がある

両方《りょうほう》聞《き》いて下知《げじ》をなせ

意味 争いを裁《さば》くには両方の言い分を公平に聞いてから判断すべきだ。「下知」は、指図・命令という意味。

《片口《かたくち》聞いて公事《くじ》を分《わ》くるな》という言葉もあります。「片方の言い分だけを聞いて訴訟の判決をしてはならない。原告と被告の両方から主張を聞いて善悪を考えよ」という意味です。

私には実体験があります。

「こんな教育実習生は見たことがない！」と、怒りの電話がかかってきたことがあります。教え子を実習に出した高校の先生からです。先生の話だと、たしかに私の教え子に問題がありました。

そこで本人を呼びだして話を聞きました。

「○○高校の先生はこうおっしゃっているけどどうなの？」と聞いてみると、「それは誤解なんです」と行き違いであることを説明してくれました。なるほど、そうだったのか。私はすぐに実習校の先生に説明し、誤解を解きました。もし私が、話を聞かずにいきなり学生を叱りつけていたら大変なことになったでしょう。

双方の言い分を聞かなければいけないと、改めて思った次第です。

リーダーに勇気があると部下も自信を持てる

勇将《ゆうしょう》の下《もと》に弱卒《じゃくそつ》なし

意味 強くて勇ましい大将の下には、弱い部下はいない。上に立つ者が優れていると、その部下も優れていることのたとえ。

フランス皇帝ナポレオン・ボナパルトは、ロシア・オーストリア連合軍を相手に会心の勝利を収めたアウステルリッツの戦いのとき、兵士たちにこう演説しました。

「諸君は、私の期待を裏切らなかった。諸君にはもはや恐れるべき敵はない。我々の祖国の幸福と繁栄のために必要なことが成されたとき、私は諸君を祖国へ帰す。国民は諸君の帰還に狂喜するであろう」

自分がいるから負けないと鼓舞したのです。

リーダーに勇気があると部下たちも自信を持てる、ということです。

私は大学の授業ではリーダーですから、学生を鼓舞するためにいつもテンションを上げています。夏期集中講義のときのこと。わずか3日間にもかかわらず、120人がLINEでつながり仲間になりました。彼らのモチベーションを、それだけ上げることができたのです。

日常

親《おや》の恩《おん》は子《こ》で送《おく》る

次の世代を育てて恩返しをする

意味 両親が自分を育ててくれた恩は、わが子を立派に育てることで報《むく》いることができる。

「送る」は、報いる、つぐなう、の意味です。

親への恩返しというと、老後の面倒をみることや介護など、親にしてあげることを思い浮かべます。

もちろん、それも大切ですが、このことわざでは「自身の子どもを育てあげることこそが真の恩返しである」と言っています。

子孫繁栄は生きものの本能ですから、それに従って次の世代に命をつなぐことで恩に報いる、ということです。ただ、現代は、子どもを産み育てることは個人の選択に任されているわけで、それをあからさまに言うのも意見が分かれるところでしょう。

「次の世代を育てる」という意味では、教師のように〝人を育てる〟のも、親の恩に報いることだと思います。

いい先生に出会ったことで、いい先生を目指す。あるいは、いいお医者さんに出会ったから、医師を目指す。そんな人を育てるのも、恩に報いることでしょう。

かつてスウェーデンに、テニスの四大国際大会のひとつ、ウィンブルドン選手権で5連覇したビョルン・ボルグという名テニスプレーヤーがいました。その後、スウェーデンのテニス界からは、〝北欧の貴公子〟と呼ばれたステファン・エドバーグら、トッププレーヤーが続々と生まれました。

じつは、スウェーデンでは無料でテニスのコーチをする人がとても多く、若い選手が育ちやすい環境があるそうです。コーチたちは、自分がかつて無料で教えてもらったことの恩に報いて、若者のコーチを買って出ているのです。

まさに、《親の恩は子で送る》ですね。

若いうちによい習慣を身につける

矯《た》めるなら若木《わかぎ》のうち

意味 樹木の枝ぶりを矯正して整えるには、若木のうちがよい。人間も欠点を直そうとするなら、柔軟性のある若いうちにしつけなくてはならない、というたとえ。

とくにスポーツでは顕著ですが、悪い癖は早めに矯正したほうが直りやすいですね。もちろん、個性がありますから、すべてを矯正する必要はないかもしれません。ただ、見るべき人が見て本当に悪い癖は早めに直しておくべきでしょう。

たいていは、反復練習によって直せます。

人生のキャリアを積んでいる人は、その癖が体に染《し》みついているので、そう簡単には直りません。しかし、若い人は癖が体に馴染《なじ》みきっていないぶん、直りやすいものです。

この言葉は、矯正だけでなく、「吸収」という意味でもとらえることができます。

私は、大学生が大好きです。大学の授業がないと体調がすぐれなくなるほどです。夏休みは長すぎるので途中に夏期講習を入れるほどです。

なぜか——。それは、彼らが〝若木〟だからです。私が授業で教えていることをその場でどんどん吸収する彼らの変化が見てとれるのです。そんな彼らの変化が、私の心身によい刺激を与えてくれるのでしょう。

相手を尊重してやり方に従う礼儀

敵《てき》の家《いえ》でも口《くち》を濡《ぬ》らせ

意味 たとえ敵の家でも、出された飲みものや食べものには口をつけるのが礼儀である。

「いかなる場合でも礼儀を守らなければならない」という意味です。「口を濡らせ」とは、少しだけでも飲食せよ、ということ。出されたものをいただくのは最低限のマナーです。

いまの時代、敵の家に行って食事をすることはありませんね。

私は、このことわざを《郷《ごう》に入《い》っては郷《ごう》に従《したが》う》の意味でとらえています。

「相手の本拠地に入ったならば、そこの習俗や習慣には素直に従うのがよい」ということです。

私は、学生を教育実習に送りだすときに必ず伝えるアドバイスがあります。

「その学校や、担当の先生のやり方に合わないことがあるかもしれない。そのときには、口を出すことはやめて、すべて向こうのやり方に従いなさい。なぜなら、向こうの学校にお邪魔してお世話になるからです」

相手のホームグラウンドでは、相手のやり方に従うのが礼儀です。

以前、イスラム教徒の家に遊びに行ったときのことです。彼らは、食事は右手だけで食べる習慣です。

私はイスラム教徒ではありませんが、彼らの習慣に従って右手だけで食べました。ずいぶん食べづらかったのですが、郷に従ったことで、彼らと充実したコミュニケーションがとれました。

全部を出さないという〝奥行き〟

秘《ひ》すれば花《はな》　秘《ひ》せずば花《はな》なるべからず

意味　人を感動させたり、驚かせたりする珍しいもの（花）は、すべてを見せないところにカギがある。すべて見せてしまえば、花はなくなってしまう。

《秘すれば花》という言葉は、能楽を大成させた世阿弥《ぜあみ》が書き残した『風姿花伝《ふうしかでん》』にある一節です。「結果を予想させないように演じるのが芸である」という考えを示しています。

タレントの所ジョージさんがそんな人です。

以前、私は所さんが司会をつとめるテレビ番組にレギュラー出演していました。所さんは、本番のときは「へぇ〜、そうなんだ」「すごいですねぇ」などと、ＶＴＲの内容やゲストのコメントを立てています。

ところが、ＣＭ時間の雑談で、「じつは、あれ、やったことがあって、面白いんだよねぇ」と話していて、もの知りです。

全部を言わないことでゲストの考えを引き出す。まさに、〝奥行き〟を感じさせる芸です。

今日、自分の為《な》すべきことをしたか

一日《いちじつ》作《な》さざれば一日《いちじつ》食《く》らわず

意味 仕事をしなければ、その一日は食べない。働くことの尊さを説いている。

中国唐《とう》時代の禅僧、百丈懐海《ひゃくじょうえかい》の言葉です。

「自分の為すべきことができなかったら、食事をいただくに値しない」ということです。

自分への戒《いまし》めの言葉であり、「働かざる者食うべからず」とはニュアンスが異なります。

日本の曹洞宗《そうとうしゅう》の宗祖、道元《どうげん》が中国に留学したときの、こんなエピソードがあります。

炎天下、留学先のお寺の庭先で腰の曲がった老典座《てんぞ》（典座＝食事をつかさどる役僧）が、汗だくになって椎茸を干していました。

「なぜ、あなたのような徳の高い方が、炎天下で仕事をしているのですか。若いお弟子さんにやらせればよいのではないでしょうか」

道元が問うと、老典座は答えました。

「他《た》は是《こ》れ吾《われ》にあらず（他の人は私ではない）」

つまり、「私がこの仕事を通して修行をしているんだ。人にやらせたのでは自分の修行にならない」ということです。

《一日作さざれば一日食らわず》――今日、自分の為すべきことをしたから食事をいただく価値がある、というわけです。

自分は今日何をしたのか、振り返るきっかけになる言葉です。

この世に存在するものすべてに意味がある

無用《むよう》の用《よう》

意味 世間の役に立たないとされているものが、別の意味で大切な役割を果たしている。役に立たないことが、かえって有用であることをいう。

古代中国の思想家、老子《ろうし》と荘子《そうし》が、ともにこの言葉を残しています。

両大家の思想は、合わせて「老荘《ろうそう》思想」と呼ばれ、自然の道理にかなった〝道〟を説いています。ひと言で言えば、「人為を捨てて自然のままに生きなさい」という教えです。

《無用の用》は、「役に立つとか、役に立たないなんてことを人間が判断することはできない。この世の中に存在するものすべてに意味がある」ことを述べています。

たしかに、人間が害虫と決めつけている虫でも、環境学の観点だと、その虫がいなければ食物連鎖が成り立たないことがあります。

人間社会においても、SDGs（持続可能な開発のための国際目標）を理念に、誰ひとり取り残さないことが時代の流れになっています。

私は、《無用の用》という言葉から、フェデリコ・フェリーニ監督のイタリア映画『道』を思いだします。

悲痛な運命にもてあそばれながらも、素直な心を失わずに生きるヒロイン。彼女が生きる意味を見失ったとき、仲よくなった男が、「ただの小石でも、この世にあるものは何かの役に立っている」と助言してくれるのです。

人は一人では生きられないことを教えてくれる名作です。

李《り》下《か》に冠《かんむり》を正《ただ》さず

疑いを持たれないよう用心する

意味　スモモの木の下で、冠をかぶりなおそうとして手を上げると、スモモの実を盗むのかと疑われるから、そこではすべきではない。人から疑いをかけられるような行為は避けるべきである、という戒《いまし》め。

中国漢《かん》時代の民謡『君子行《くんしこう》』にある一節です。《瓜田《かでん》に履《くつ》を納《い》れず、李下《りか》に冠《かんむり》を正《ただ》さず》（ウリ畑のなかで靴を履《は》きなおすと、ウリを盗むのか

と疑われる。また、スモモの木の下で……）と歌っています。

いまの時代、セクハラやパワハラなどのハラスメントは、地位や財産を失うことになりかねません。

「これを言ったらハラスメントに疑われるかもしれないな」というときに、頭の片隅に《李下に冠を正さず》ということわざがあれば、一瞬思いとどまって考えられることでしょう。

また、「こんな行為はグレーゾーンかな」というときに、「クロではないのだからいいんじゃない」と考える人と、「グレーはやめておこう」と考える人がいます。そんなときも、このことわざを知っていれば、グレーの危うさを思って踏みとどまることができます。

政治家や企業人の汚職事件のニュースを聞くにつれ、彼らも《李下に冠を正さず》ということわざを思いだしてほしいと思います。

こうしてみると、２０００年以上前の中国と現代日本というまったく違う社会に生きていても、人の心のあり方はそれほど変わらないと感じます。

忙しい人ほど時間の使い方が上手

忙《ぼう》中《ちゅう》閑《かん》あり

意味 忙しいなかにも、わずかな暇はあるものだ。

忙しい人ほど時間の使い方が上手なものです。

メールの返信が早い、仕事を頼むとすぐに終わらせてくれる――こんな人は、たいてい忙しい人です。

私の勤務する大学でも、用事を頼んだらすぐにやってくれるのは忙しい人です。暇そうな人は、なかなかやってくれないところがあります。

忙しくて他のことができないと思っている人は、24時間の時間軸がついた手帳にスケジュールを書きこむことをおすすめします。

私も使っていますが、用事のある時間帯に色を塗っていくと、わずかのすき間を見つけることができます。すき間時間を視覚化するのです。

移動途中の待ち時間が20分程度あれば、私は必ずと言っていいほど、安いカフェに入って本を読みます。20分あれば新書ならずいぶん読めます。30分あれば1冊読んでしまいます。

あるいは、3時間ほど空いていれば、すぐに映画館に向かいます。そうやって多くの話題作を観ていると、「今」を生きている感覚が磨かれ、新たな情報発信ができます。

そうやって、忙しいなかにもストンと別の時間をつくることで、心に余裕を持つことができるのです。

自然・文化

ちょっとした変化を五感でとらえる

一《いち》葉《よう》落《お》ちて天《てん》下《か》の秋《あき》を知《し》る

意味 他の木よりも早く落葉する青桐《あおぎり》。その葉が1枚落ちるのを見て、秋が来たことを知る。わずかな前触れから、大きな動きを予知できることのたとえ。

《瓶中《へいちゅう》の氷を見て天下の寒きを知る》（瓶《びん》のなかの水が凍ったのを見て、天下が寒くなっていることを知る）《霜《しも》を履《ふ》んで堅氷《けんぴょう》至《いた》る》（霜を踏んで歩く季節が過ぎれば、堅《かた》い氷の張る厳冬の季節がやってくる）

など、類義のことわざもあります。

ものごとの変化には必ず前兆があります。その前兆をすみやかに察知できれば、たいていのことに適切な対応ができるでしょう。

変化の兆《きざ》しをとらえるのは、おもに人間の感覚領域である五感です。視覚、聴覚、味覚、嗅覚、触覚、それらが変化の情報を脳に伝えます。

そして、五感が伝えてくれるちょっとした変化に気をとめることが大事です。そうすることで、大きな失敗を未然に防ぐことができるでしょう。

たとえば、車の運転をしているとき。

前の車の走り方が〝あやしい〟と感じることがありますね。ふらふらしていたり、ほんのわずかにスピードが速い・遅いを繰り返していたり……。

かすかな動きの変化でも、何か起こる前兆ですから、その車から少し離れて走るなど適切に対応すれば、事故やトラブルを避けることができます。

信じることで心が軽くなる

鰯《いわし》の頭《あたま》も信心《しんじん》から

意味 節分《せつぶん》に鰯の頭を魔よけにする風習は迷信とされるが、それを信じる人にはご利益《りやく》がある。そのように信仰心は不思議な力を持っていることのたとえ。また、何かを頑固に信じこんでいる人をからかうときにも言う。

「年よりや月を見るにもナムアミダ」

江戸時代を代表する俳人、小林一茶《いっさ》の句です。「年寄りは月を見ても何を見てもナムアミダと念仏をとなえるものだ」というユーモアのなかに、「となえれば誰しもひとり残らず救われる」という念仏の教えが伝わる句です。

信じることで、心が軽くなるものです。一茶なら、鰯の頭にもナムアミダととなえたかもしれません。

信じることは精神衛生上よい面もありますが、ときどき、他を顧みずに信じこんでしまう人がいます。

たとえば、ダイエット。間違ったダイエット法を信じて、体がガリガリになるまで痩せて喜んでいる人がいます。「私、30キロになりました！」とSNSに写真を載せているのを見ると、見境がない〝ダイエット信仰〟は危険だと感じます。

いつも小学3年生の気持ちで学ぶ

少年《しょうねん》老《お》い易《やす》く学《がく》成《な》り難《がた》し

意味 若いと思っているうちにすぐに年をとってしまい、志す学問は遅々として進まないものだ。寸暇を惜しんで学問に励みなさい、ということ。

この言葉のあとに、《一寸《いっすん》の光陰軽《こういんかろ》んずべからず》（わずかな時間であってもけっして無駄にしてはならない）と続いています。

漢詩の一句ですが、作者は不明です。

たしかに、あっという間に年をとってしまうのは、年々感じることですね。

私は自身の体験から、小学3年生前後が、いちばん人間が成長する期間ではないかと思っています。

というのは、小学2年の終わりと、小学4年の始まりの記憶が鮮烈だからです。

私は2年生のころは、ただひたすら遊んで難しいことは考えませんでした。ところが4年生の始まりには「日本を背負って立とう」という志を持っていました。つまり、小学3年生の1年間にまったくの別人のように成長したのです。

そう考えると、その時期にどんどん学ぶことが大切ですね。

いっぽうで、学ぶのに遅すぎることはありません。60代、70代からでも、小学3年生の気持ちで再度〝学び〟の人生に入るのは、よいことだと思います。「学び=楽しみ」と置き換えてもよいかもしれません。

あいまいな知識を自分のものにする

教《おし》うるは学《まな》ぶの半《なか》ば

意味 人に学問を教えることは、半分は自分の勉強の助けともなる。

学ぶためには教えるのがいちばんの近道です。

私は、学生を先生役にして「教えさせる」という授業を組みこんでいます。

先生役になると、生半可な知識では教えられませんから、準備もていねいになります。また、テキパキと話すようになります。そして何より、自分がわかっていないところに気づくことができます。

実際に、教育実習を終えた学生は大きく進化します。たとえ専門ではない科目を担当しても、教えているうちにその科目が得意になることもあります。

疑問を持つことが成長につながる

大《たい》疑《ぎ》は大《たい》悟《ご》の基《もと》

意味　大いに疑問を持つことは、のちに大きな悟《さと》りを開くもとになる。

私は、学生たちに「問い」を立てることをすすめています。

問いを立てるとは、自分がいま何について考え、何を疑問に感じているのか、把握することです。問いを立てることで、その答えを探すために、自分でよく考えるようになります。

小惑星探査機〝はやぶさ〟の開発に関わった川口淳一郎さんは、疑問だけを書きこむノートを持っているとおっしゃっていました。

その疑問ノートは、何があっても他人に見せないそうです。なぜなら、その内容を資金豊富なNASAに知られたら、開発のためのヒントにされてしまうからだといいます。

「これは何だろうか？」「なぜ、人間はこういうことをしてしまうのだろうか？」「なぜ、こんなに苦しみがあるのだろうか？」――。

何にでも疑問を持つことで、大きな悟り、大きな研究成果につながっていくのだと思います。

ひと呼吸おいて、思わず出る本音を改める

言葉《ことば》は心《こころ》の使《つか》い

意味 心に思っていることは自然と言葉に現れる、ということ。

政治家が「間違えて失言しました」と謝罪したとき、その発言の多くは、本音を言ってしまったんだろうなと思います。

ことわざのとおり、本音は自然に口をついて出てしまうものです。

思っていることが言葉に出るとまずいケースはよくあります。

私もテレビの生放送にコメンテーターとして出演することがあります。思ったことをすべて口にしていたら、各方面に迷惑がかかります。たとえば、まだ犯人が確定していないのに、「この人が犯人でしょうね」と言って、もし違っていたら大変なことです。

そういう場合は、ひと呼吸おき、「これを言ったら誰かに迷惑がかからないかな」と瞬時に考えてから話すようにしています。

皆さん、自分は生放送でコメンテーターをやっていないから関係ないと思うのは早計です。

メールやSNSに自分の意見を書くときには注意が必要です。これを書いて誰かを傷つけることにならないか、チェックをしたほうがよいでしょう。「思っていることだから書いたっていいじゃん」というものではありません。

誹謗中傷ととられると、それだけで訴訟になる場合があります。ひと呼吸おいて、「大丈夫かな、これ」と、確認してからメールや投稿をするべきです。

謙虚になる

善人《ぜんにん》なおもて往生《おうじょう》をとぐ況《いわ》んや悪人《あくにん》をや

意味 善人でさえ極楽浄土《ごくらくじょうど》に往生するのだから、阿弥陀仏《あみだぶつ》の救いにすがるしかない悪人が極楽往生できるのは言うまでもないことである。

浄土真宗の宗祖、親鸞《しんらん》の有名な教えです。

なぜ親鸞は、善人ではなく、悪人が救われるのは当然だと言うのでしょうか――。

親鸞が言う「善人」とは、自力で善行を積んで浄土に往生しようとする人です。

いっぽう、「悪人」とは、自分は煩悩《ぼんのう》にまみれた人間だと謙虚に自覚し、自力で浄土に往生することができないと思っている人のことです。つまり、阿弥陀仏の救いにすがるしかない人です。親鸞は、阿弥陀仏はこのような悪人を真っ先に救いたいと思っている、と教えました。

私たちは、悪人よりも善人になりたいと考えてしまいます。しかし、自分の力ではどうしようもないことがあります。どんな人も生きられる社会になるには、私たちは自分が悪人ではないかと心のなかで問い、もっと謙虚にならなければいけないのではないでしょうか。

第3章

日本の四季

私たちはふつうに生活していると、四季の移り変わりに気づかないことがままあります。とくに都会で暮らしていると、農業に従事している人のように、敏感に季節を感じることができません。

《二十四節気《にじゅうしせっき》・七十二候《しちじゅうにこう》》の言葉を知ることによって、季節の変化に気づけるようになります。そして〝季節感〟を文化として感じられるようになります。小さな変化を見つけて詩人になるということでもあります。四季は、日本の和歌や俳句に大きな影響を与えました。

「暑くなった」「寒くなった」と、たんに体で感じるのは動物も同じです。道に咲く花を見たり、鳥の鳴き声を聞いたりしたときに、ふと季節を教えてくれる言葉が思い浮かぶこと、それが人間が積みあげてきた文化です。

私は「身体論」の研究をしてきて、体は〝場の雰囲気〟から切り離すことはできないと考えています。たとえば、カンカン照りのときは体がカッカと熱くなり、北風が吹いて寒いときは体がブルブルふるえます。

あるいは暗い曇《くも》りや雨の日は、気持ちもどんよりします。「晴耕雨読《せいこううどく》」という言葉があるように、そんな日は静かに本を読んでいるほうがしっくりきます。

それほどまでに、私たちの心身は天候をはじめ自然から影響を受けています。

私たちは、四季の移り変わりを季節の言葉とともに敏感に感じ、それを楽しむことで、初めて人間らしく生きられるのではないかと思います。

「暦」の構造を知っておこう

《二十四節気・七十二候》は、古代中国で生まれた「暦《こよみ》」の概念です。

中国も日本も、かつては太陰太陽暦《たいいんたいようれき》(旧暦と呼ばれる)を使っていました。二十四節気と七十二候も、それに合わせてつくられています。

地球は太陽のまわりを一年間(約365日)で1周します。それを24等分し、それぞれに季節の言葉をあてはめたのが二十四節気です。「立春」「立夏」「立秋」「立冬」を各季節の始まりとして、それぞれのシーズンに六つの節気(約15日間)を配しています。

さらに、各節気をそれぞれ3分割して季節の変化を短文で表現したのが七十二候です。各候は約5日間になります。

そして旧暦では新月の日が毎月一日となり、立春から一年が始まります。中国では現在も、旧暦の正月を「春節《しゅんせつ》」と呼び、お祝いしています。

二十四節気・七十二候は日本に飛鳥《あすか》時代ころに伝わりました。中国渡来の七十二候の言葉を訓《くん》読みしたのが面白いなと思います。その後、日本の気候風土に合うように何度も改訂してきました。江戸時代の貞享暦《じょうきょうれき》（1685年施行）で大きく改訂され、本章では宝暦《ほうれき》改暦（1755年施行）の七十二候の言葉を用いています。

私たちが現在使っている新暦は、太陽暦（正式名はグレゴリオ暦）です。旧暦に替えて新暦が使われるようになったのは明治6年（1873年）です。明治新政府が明治5年12月3日を明治6年1月1日と定めたためです。

新暦は旧暦よりも約1カ月早くなります。旧暦では、新暦の2月から春、5月から夏、8月から秋、11月から冬と、現在の感覚とはかなりズレがあります。

それでも日本の気候風土のなかで育まれた知恵や感性は、私たち日本人の心身に脈々と波打っています。本章で、季節をていねいに見つめる日本語をご覧いただき、日本人の感性を味わってください。

二十四節気と四季

季節	春			夏		
旧暦	睦月《むつき》（一月）	如月《きさらぎ》（二月）	弥生《やよい》（三月）	卯月《うづき》（四月）	皐月《さつき》（五月）	水無月《みなづき》（六月）
季節	秋			冬		
旧暦	文月《ふづき》（七月）	葉月《はづき》（八月）	長月《ながつき》（九月）	神無月《かんなづき》（十月）	霜月《しもつき》（十一月）	師走《しわす》（十二月）

立春《りっしゅん》

《二十四節気・第一節》
新暦2月4日ころ

春の兆《きざ》しが現れてくる。

立春は二十四節気の最初、旧暦では一年の始まりです。自然界は少しずつ春の準備が進んでいきます。「♪夏も近づく八十八夜」――童謡『茶摘《ちゃつ》み』の歌詞で知られる「八十八夜」は、立春を1日目として88日目にあたります。それを過ぎれば、もう夏です。

東風解凍《こちこおりをとく》

《七十二候・第一候》新暦2月4日～8日ころ

暖かい春風が吹いて氷がとけだす。

「東風《こち》」といえば、学問の神様として知られる菅原道真《すがわらのみちざね》の「東風吹かばにほひおこせよ梅の花主《あるじ》なしとて春な忘れそ（春を忘るな）」の歌が真っ先に思い浮かぶのではないでしょうか。九州の太宰府《だざいふ》に無実の罪で流された道真を慕《した》って、京の都にあった庭の梅の木が飛んできたという、太宰府天満宮の〝飛《と》び梅《うめ》〟伝説は有名です。

黄鶯睍睆《うぐいすなく》

《七十二候・第二候》新暦2月9日〜13日ころ
ウグイスが美しい鳴き声を響かせる。

ウグイスは、「春告鳥《はるつげどり》」の異名を持つように「ホーホケキョ」と鳴いて春のおとずれを知らせてくれます。また、梅は「春告草《はるつげぐさ》」の異名を持ち、梅とウグイスは取り合わせがよいもののたとえです。厳しい冬を乗り越えて、一輪、また次の日に一輪と咲く小さな梅の花は、和歌に詠《よ》まれて、日本の歴史や文化に深く寄り添ってきました。

魚上氷《うおこおりをいずる》

《七十二候・第三候》新暦2月14日〜18日ころ
魚が氷の割れ目から跳ねあがる。

川や湖を覆《おお》っていた厚い氷が薄氷《うすらい》に変わり、魚たちが元気に泳ぎまわるころです。海では「春告魚《はるつげうお》」が春のおとずれを伝えてくれます。北日本ではニシン、東日本や西日本ではメバルが有名です。ともに春になると産卵のために浅瀬に移動してきます。ほかにも、サクラマス、サワラ、イカナゴ、カツオ、シロウオが「春告魚」の異名を持ちます。

雨水《うすい》

《二十四節気・第二節》
新暦2月19日ころ
降る雪が雨に変わり、氷がとけて水となる。

雨水のころに降る雨を「木《き》の芽《め》起《お》こし」といいます。木の芽とは春に萌《も》え出《いず》る樹木の新芽、「このめ」とも呼ばれます。平安時代の『千載和歌集《せんざいわかしゅう》』に「四方山《よものやま》に木の芽張る雨降りぬれば父母《かぞいろは》とや花の頼まむ」という歌があります。植物の成長を助ける春の雨を「花の父母」と詠《よ》んだ歌です。

土脉潤起《つちのしょううるおいおこる》

《七十二候・第四候》新暦2月19日〜23日ころ
山の雪がとけて大地をうるおす。

もともと中国の七十二候では、春になってカワウソ（獺）が漁を始め、魚を捕らえることとされます。カワウソは捕らえた魚を川岸に並べる習性があり、これを神前のお供えに見立て、中国の古典『礼記《らいき》』に「獺祭魚《かわうそうおをまつる》」とあることに由来します。日本にもかつてニホンカワウソが広く生息し、「獺祭魚《だっさいぎょ》」は春の季語になっています。

霞始靆《かすみはじめてたなびく》

《七十二候・第五候》新暦2月24日〜28日ころ
空気が水分を含み、霞がかかる。

春霞《はるがすみ》にあいまって、病害虫を防ぐために田の稲株や畔《あぜ》を焼く煙がたなびくさまは、日本の原風景です。奈良の若草山や九州の阿蘇《あそ》に代表されるように、日本では古来、新芽が出る前に野焼きをおこなって草原を維持し、放牧地として利用してきました。しかし、現代では大気や土壌の環境を悪化させるとして各国で野焼きの禁止が進む傾向にあります。

草木萌動《そうもくめばえいずる》

《七十二候・第六候》新暦3月1日〜4日ころ
草木が生き生きと芽吹きはじめる。

冬枯れていた山の樹木がいっせいに若芽を吹いて華やいで見えるさまを「山笑う」と表現します。林野庁の調べによれば、日本の森林の5割は広葉樹からなる天然林だそうです。柿、桜、コナラ、クヌギ、ミズナラ、ケヤキなどの落葉広葉樹、シイ・カシ類などの常緑広葉樹、さまざまな新緑を見せる春の山は、さながらモザイク絵画のようです。

啓蟄《けいちつ》

《二十四節気・第三節》
新暦3月5日ころ

さまざまな生きものが活動を始める。

日脚《ひあし》が伸びるにつれて、私たちの心も浮き立ってきます。それは、日光を浴びると、精神を安定させる働きをする脳内神経伝達物質「セロトニン」が増えるためといわれています。セロトニンは、腸の動きを活発にし、睡眠や体温調節、精神の安定にも関係しています。

蟄虫啓戸《すごもりむしとをひらく》

《七十二候・第七候》新暦3月5日～9日ころ

冬ごもりをしていた虫たちが動きはじめる。

「蟄虫《ちっちゅう》」とは地中で越冬する虫のこと。ここでいう虫は昆虫にかぎりません。「蛇《へび》」「蛙《かえる》」「蜥蜴《とかげ》」も虫偏《へん》がついているように、爬虫類《はちゅうるい》や両生類を含む小さな生きもの全般を指しています。啓蟄のころは大気が不安定で、突然、雷鳴《らいめい》が轟《とどろ》くことがあります。虫たちがその音に驚いて地上に飛びだしてくることから「虫出しの雷」「蟄雷《ちつらい》」ともいわれます。

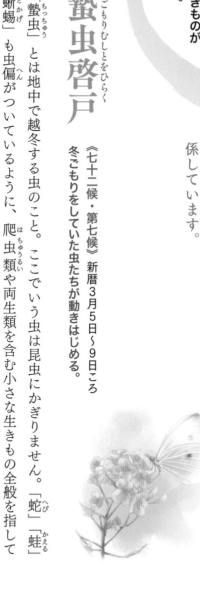

桃始笑《ももはじめてさく》

《七十二候・第八候》新暦3月10日～14日ころ
桃のつぼみがほころび、花が咲きはじめる。

日本では万葉の時代から、花が咲くことを「花笑《はなえ》む」と表現してきました。花のつぼみがほころぶのを口元がほころぶのに見立てて「笑」の字を充てるとは、なんと素晴らしいセンスでしょう。桃は中国原産で、邪気を払う力を持つ不老長寿の仙果とされます。日本には弥生《やよい》時代に伝わり、各地の遺跡から多くの桃の種子（桃核《とうかく》）が出土しています。

菜虫化蝶《なむしちょうとなる》

《七十二候・第九候》新暦3月15日～19日ころ
菜を食い荒らす青虫が蛹《さなぎ》をへて美しい蝶となる。

蝶は「夢虫《ゆめむし》」ともいわれます。古代中国の思想家、荘子《そうし》の「胡蝶《こちょう》の夢」の故事に由来します。夢のなかで蝶になったのか、いや本当は自分は蝶で、いま夢のなかにいるのか、わからなくなったという話です。自他の区別を超越することで何ものにもとらわれない境地に到達できることを説いたものですが、人生のはかなさのたとえともされます。

春分《しゅんぶん》

《二十四節気・第四節》
新暦3月21日ころ
昼と夜の長さがほぼ同じになる。

「春分の日」を中日《ちゅうにち》とする前後３日間が春のお彼岸《ひがん》です。「彼岸」といえば春の季語、秋のお彼岸は「秋彼岸」「後《のち》の彼岸」といいます。春分と秋分には太陽が真西に沈むことから、仏教では西方極楽浄土《さいほうごくらくじょうど》を身近に感じる日とされ、お墓参りに行く風習があります。

雀始巣《すずめはじめてすくう》

《七十二候・第十候》新暦3月21日〜25日ころ
スズメが巣づくりを始める。昔話にもよく登場し、身近な鳥。

スズメは農家にとって、春から夏にかけては稲につく虫を食べてくれるありがたい存在であるいっぽうで、秋には稲穂をついばむ困り者。益鳥と害鳥の両面があります。

「雀の子そこのけそこのけ御馬が通る」――遊んでいるスズメの子どもたちに、早くどかないと馬に踏みつぶされてしまうよと、小林一茶《いっさ》の句はやさしく語りかけています。

桜始開《さくらはじめてひらく》

《七十二候・第十一候》新暦3月26日〜30日ころ
桜の花が咲きはじめる。温暖化によって関東で満開となる年も多い。

「世の中にたえて桜のなかりせば春の心はのどけからまし」――平安時代の歌人、在原業平《ありわらのなりひら》は「もし桜の花がなかったら、咲きはじめた、満開だ、などと心騒がせることもなく、のんびりと春をすごせたろうに」と詠《うた》っています。

「花」といえば、桜。日本人は昔から桜の花を特別な存在として愛してきました。

雷乃発声《かみなりすなわちこえをはっす》

《七十二候・第十二候》新暦3月31日〜4月4日ころ
恵みの雨をもたらす春雷が轟《とどろ》く。

春雷《しゅんらい》は寒冷前線の通過によって発生します。「かみなり」という大和言葉《やまと》は「神鳴り」が語源。日本では古来、かみなりは神様が鳴らすものと信じられていました。狂言に、雲間から落ちたかみなり様が腰を打ち、そこに居合わせた医者の鍼《はり》治療を受け、治療代として五穀豊穣の雨を降らせることを約束して天上に帰る、という曲目があります。

清明《せいめい》

《二十四節気・第五節》

新暦4月5日ころ

すべてが明るく、生き生きして見える。

沖縄本島の中南部を中心に「シーミー（清明祭）」と呼ばれる行事がおこなわれます。一族そろって先祖のお墓参りに出かけ、お酒や重箱料理を墓前にそなえ、お下がりを飲食しながら歌ったり踊ったり楽しく過ごします。もとは中国の清明節《せいめいせつ》におこなわれる先祖祭が伝わったものです。

玄鳥至《つばめきたる》

《七十二候・第十三候》新暦4月5日〜9日ころ

海を渡って南方からツバメが飛来する。

ツバメは春になると繁殖のために日本に飛来し、泥と枯れ草を唾液《だえき》で固めた巣を民家の軒先などにつくります。ツバメが巣をかけると、その家には幸せがおとずれるという言い伝えもあります。ツバメは農作物を荒らさずに害虫だけを捕食してくれる益鳥として大切にされ、身近な鳥として親しまれてきました。

鴻雁北《こうがんかえる》

《七十二候・第十四候》新暦4月10日〜14日ころ
日本で越冬した渡り鳥が北方へ帰る。

「鴻」は「おおとり」や「ひしくい」と訓《くん》読みします。ヒシクイは大型のガンで、湖沼に生える菱《ひし》の実を食べることが名の由来です。「雁」は「かり」と訓読みし、小型のガンを指します。群れを成してV字形などの編隊を組んで飛び、騒がしい鳴き声は「雁《かり》が音《ね》」と呼ばれます。ガンはカモ科で、古くから美味として食用されました。

虹始見《にじはじめてあらわる》

《七十二候・第十五候》新暦4月15日〜19日ころ
雨上がりに虹が見えることが多くなる。

虹《にじ》は、太陽光線が雨粒などに反射してできるスペクトルです。「虹」は夏の季語。春の虹は、夏の虹にくらべて淡い色合いです。二重の虹は吉兆《きっちょう》といわれます。

虹をどうとらえるかは古今東西さまざまで、古代中国では、虹は大蛇《だいじゃ》が天に昇って龍になるときに現れると信じられ、不吉の象徴とされました。

穀雨《こくう》

《二十四節気・第六節》

新暦4月20日ころ

雨が多くなり、大地がうるおう。

晴れていると思ったら雨が降りだし、降りだしたと思ったらやんだりを繰り返す「春時雨《はるしぐれ》」。この時期に降る雨は、種々の穀物に栄養と水分を与える恵みの雨として「百穀春雨《ひゃっこくはるさめ》」といわれます。農家では、穀雨を目安に田植えや種蒔《ま》きの準備を始めます。

葭始生《あしはじめてしょうず》

《七十二候・第十六候》新暦4月20日〜24日ころ

冬枯れしていた水辺のアシが芽吹きはじめる。

『古事記』に日本の古名が「豊葦原《とよあしはら》の瑞穂《みずほ》の国」とあるように、アシは日本在来のイネ科ヨシ属の多年草です。『万葉集』ではもっぱら、アシと呼ばれます。植物学者の牧野富太郎博士は、「標準和名がヨシとなったのは、アシが〝悪し〟に通ずるのを嫌ったからである」と述べています。漢字表記はアシもヨシも同じで「葦」「葭」「蘆」「芦」と書きます。

霜止出苗《しもやんでなえいずる》

《七十二候・第十七候》新暦4月25日〜29日ごろ
霜《しも》が降《お》りなくなり、苗がよく育つ。

品種や地域によりますが、いよいよ田植えのシーズン到来。種籾《たねもみ》を蒔いた苗代《なわしろ》ではすくすくと苗が育っています。農家に伝承されている言葉に「苗半生《なえはんしょう》」があります。「苗づくりがうまくいったら、その後の生育や収穫は約束されたようなもの」という意味です。それだけ育苗《いくびょう》が重要だということでしょう。

牡丹華《ぼたんはなさく》

《七十二候・第十八候》新暦4月30日〜5月4日ころ
ボタンの花があでやかに咲きほこる。

八十八夜のころになると天気も安定し、茶摘みの最盛期を迎えます。お茶の産地である静岡県出身の私は、子どものころからいつもお茶を飲んでいました。八十八夜に摘んだ一番茶は、栄養とうま味成分を多く含み、飲むと病気にならない、という言い伝えがあります。それは、漢字の「八」が末広がりで縁起がよいことも関係しているのでしょう。

風流な月の名前

月は約29・5日の周期で、新月から満月、そして満月から新月へ満ち欠けします。月齢による月の呼び名のほか、見え方や時間の推移による月の呼び名もあります。風流な呼び名を知れば、毎日、月を見上げることが楽しくなります。

月の満ち欠け

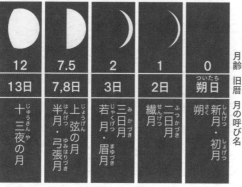

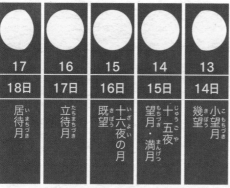

月齢	旧暦	月の呼び名
0	朔日《ついたち》	新月《しんげつ》・初月《しょげつ》 朔《さく》
1	2日	二日月《ふつかづき》 繊月《せんげつ》
2	3日	三日月《みかづき》 若月《じゃくげつ》・眉月《まゆづき》
7.5	7,8日	上弦《じょうげん》の月 半月《はんげつ》・弓張月《ゆみはりづき》
12	13日	十三夜《じゅうさんや》の月
13	14日	小望月《こもちづき》 幾望《きぼう》
14	15日	十五夜《じゅうごや》 望月《もちづき》・満月《まんげつ》
15	16日	十六夜《いざよい》の月 既望《きぼう》
16	17日	立待月《たちまちづき》
17	18日	居待月《いまちづき》
18	19日	寝待月《ねまちづき》 臥待月《ふしまちづき》
19	20日	更待月《ふけまちづき》 亥中《いなか》の月
22.5	22,23日	二十三夜《にじゅうさんや》の月 下弦《かげん》の月・半月《はんげつ》 弓張月《ゆみはりづき》
25	26日	下弦《かげん》後の三日月《みかづき》
29	晦日《つごもり》	三十日月《みそかづき》

季節をあらわす月の名前

春

朧月《おぼろづき》
春の夜のほのかにかすんだ月。

待宵の月《まつよい》
旧暦8月14日の月。

中秋の名月《ちゅうしゅうのめいげつ》
（芋名月《いもめいげつ》）
旧暦8月15日の月。

後の月《のち》
（栗名月《くりめいげつ》・豆名月《まめめいげつ》）
旧暦9月13日の月。

梅雨の月《つゆ》
梅雨の合間に現れる月。

寒月《かんげつ》
冷たく冴《さ》えて見える月。

寒三日月《かんみかづき》
冬の三日月。

見え方や時間の推移による月の名前

明月《めいげつ》**・朗月**《ろうげつ》

皓月《こうげつ》**・素月**《そげつ》
明るく澄みわたった月。

雨月《うげつ》
名月が雨で見られないこと。

孤月《こげつ》
ものさびしく見える月。

黄昏月《たそがれづき》
夕暮れどきに見える月。

夕月《ゆうづき》**・宵月**《よいづき》
夕方の月。宵の間だけ出ている月。

残月《ざんげつ》**・有明月**《ありあけづき》**・朝行月**《あさゆくつき》**・暁月夜**《あかつきづくよ》
夜明けまで残っている月。

立夏《りっか》

《二十四節気・第七節》

新暦5月5日ころ

光も空気もさわやかな新緑の季節。

手紙などで初夏の時候のあいさつによく使われる「薫風《くんぷう》」。「風薫《かお》る」ともいい、和歌では花の香りを運ぶ風のことでした。時代が下るにつれて「薫風自南来《くんぷうみなみよりきたる》」といった漢詩の影響などもあって初夏の季語となりました。若葉の香りを感じさせる心地よい風です。

蛙始鳴《かわずはじめてなく》

《七十二候・第十九候》 新暦5月5日〜9日ころ

産卵のため水辺に集まったカエルたちがいっせいに合唱する。

水田では、オタマジャクシが元気に泳いでいます。卵から3日ほどで、オタマジャクシになり、1カ月ほどかけて子ガエルになります。日本中、至る所で見られるのは、ニホンアマガエルです。5月から6月の産卵時期になると、オスは喉《のど》の左右にある鳴嚢《めいのう》という袋をふくらませ、大きな声で鳴いてメスを呼びます。雨が降る前に鳴くことでも有名です。

蚯蚓出《みみずいずる》

《七十二候・第二十候》新暦5月10日〜14日ころ
ミミズの活動が、ふかふかの土をつくる。

田植えのために、水田の土をくだき、ならすことを「代掻《しろか》き」といいます。ミミズは「自然界の鍬《くわ》」と呼ばれ、農家にとってじつに有益です。地中で動きまわれば、通り道が空気や水の通路となります。また、土中の微生物を食べて糞《ふん》をすれば、植物の根に必要な窒素やリン、カリウムを含んだよい土壌がつくられます。

竹笋生《たけのこしょうず》

《七十二候・第二十一候》新暦5月15日〜20日ころ
タケノコは土から顔を出したくらいが食べごろ。

食用にしているのは、ほとんどが孟宗竹《もうそうちく》のタケノコです。孟宗竹は中国原産で、日本には江戸時代に伝わり、戦後、タケノコを採る目的で各地に植えられました。日本の在来種は真竹《まだけ》や淡竹《はちく》などです。真竹は、えぐ味が強いことから「苦竹《にがたけ》」とも呼ばれます。淡竹は細いのが特徴で、茶道の茶せんや竹細工など日本の伝統工芸に欠かせない素材です。

小満《しょうまん》

《二十四節気・第八節》
新暦5月21日ころ
万物が成長し、一定の大きさに達する。

夏、山の緑がみずみずしく鮮やかに見えるさまを「山滴《したた》る」といいます。中国北宋《ほくそう》時代の山水画家、郭熙《かくき》が残した言葉「夏山蒼翠《そうすい》として滴るが如《ごと》し」に由来します。同様に、春は「山笑う」、秋は「山粧《よそお》う」、冬は「山眠る」の言葉が生まれました。

蚕起食桑《かいこおきてくわをはむ》

《七十二候・第二十二候》新暦5月21日〜25日ころ
蚕が繭をつくるため盛んに桑の葉を食べつづける。

蚕《かいこ》がいっせいに桑《くわ》の葉を食べるとき、サーッという音がするそうです。これを「蚕時雨《こしぐれ》」といいます。蚕の繭《まゆ》から生糸《きいと》（絹）をつくる養蚕は中国で始まり、日本には弥生《やよい》時代に伝わったようです。明治時代に外貨獲得の柱として位置づけられ、良質の生糸を大量に海外に輸出しました。養蚕は戦前まで農家の４割が携わる日本の主要産業だったのです。

紅花栄《べにばなさかう》

《七十二候・第二十三候》新暦5月26日〜30日ころ
染料《せんりょう》となるベニバナの花盛りとされるが、実際の花期は7〜8月。

「紅花栄《こうかさかう》」と読んで「赤い花」を意味する説があります。「紅花栄」が七十二候に初めて登場するのは「貞享暦《じょうきょうれき》」です。江戸時代の天文学者、渋川春海《しゅんかい》によって、日本独自の暦《こよみ》として貞享元年（1684年）に完成されました。皐月《さつき》を代表する赤い花といえば、サツキツツジ。渓谷に自生し、「映山紅《えいさんこう》」の異名を持ちます。

麦秋至《むぎのときいたる》

《七十二候・第二十四候》新暦5月31日〜6月4日ころ
黄金色《こがねいろ》に成熟した麦の穂を刈りとる。

麦の種蒔《ま》きは秋。北海道では9月中旬から下旬、九州では11月下旬から12月上旬と、寒い地域ほど早い時期に種を蒔きます。冬から春にかけて、霜柱《しもばしら》で浮きあがった土を押さえるとともに根の張りをよくするため麦踏みをおこない、初夏に収穫を迎えます。麦の穂がたわわに実った情景は、まさしく「麦の秋」といえます。

芒種《ぼうしゅ》

《二十四節気・第九節》
新暦6月5日ころ

芒を持つ穀物の種を蒔《ま》く。

「芒《のぎ》」とは、イネ科の米や麦の穂先にある硬い毛のこと。黍《きび》・稗《ひえ》・粟《あわ》もイネ科で、現在は田んぼに生える雑草として嫌われていますが、米の収穫が少なかった時代には大事な穀物でした。田植えの時期は地域によって異なり、本州では5月中旬から6月上旬におこないます。

蟷螂生《かまきりしょうず》

《七十二候・第二十五候》新暦6月5日～9日ころ

カマキリがいっせいに孵化し、幼虫となる。

カマキリは農家にとって益虫《えきちゅう》です。「卵鞘《らんしょう》」とよばれるスポンジ状の粘液に守られて越冬する卵の数は200余り。孵化《ふか》した幼虫は、生きた昆虫を捕食して成虫となります。

カマキリが馬車にカマを振りあげて立ち向かったという中国の故事から、自分の力量をわきまえず強者に立ち向かう無謀さを揶揄《やゆ》して「蟷螂《とうろう》の斧《おの》」といいます。

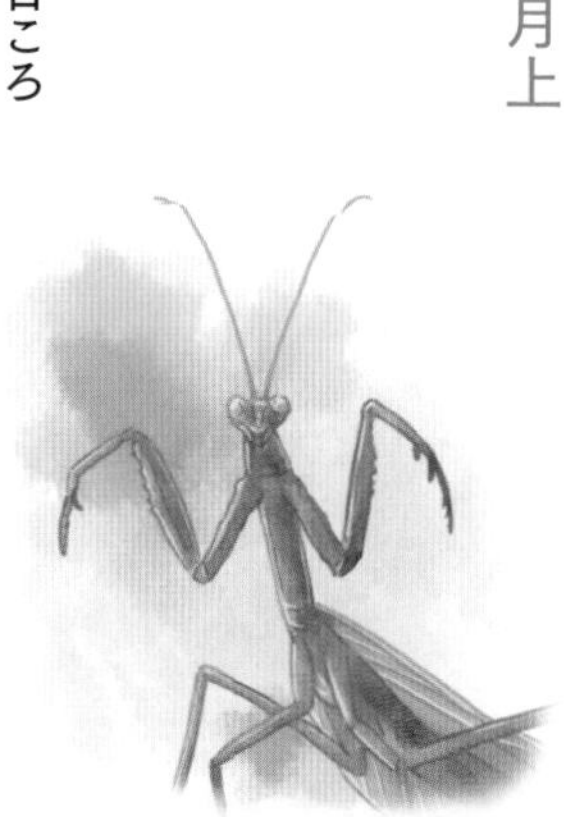

腐草為蛍《くされたるくさほたるとなる》

《七十二候・第二十六候》新暦6月10日～15日ころ
中国の古典に由来し、「枯れ草が腐ってホタルになる」という意味。

「夏は夜。月のころはさらなり。やみもなほ、蛍の多く飛びちがひたる。また、ただ一つ二つなど、ほのかにうち光りて行くもをかし。雨など降るもをかし」清少納言《せいしょうなごん》の『枕草子《まくらのそうし》』の一節です。水辺の暗がりに浮かんでは消えるホタルの光は、まさに夏の風物詩といえます。成虫になってからは水しかとらず、2週間の命です。

梅子黄《うめのみきばむ》

《七十二候・第二十七候》新暦6月16日～20日ころ
梅の実が黄色く熟す。完熟した実は梅干づくりに最適。

梅の実は枝にできてから黄色く熟すまでおよそ1カ月かかります。幼い青梅には毒性があるため生食してはいけません。梅の実を収穫して梅干や梅酒、梅シロップをつくることを「梅仕事」といいます。梅酒や梅シロップには熟す前の硬い青梅を使い、梅干には完熟した実が適しています。梅の食品には解毒殺菌、疲労回復の効能があります。

夏至《げし》

《二十四節気・第十節》

新暦6月21日ころ

北半球では、もっとも昼が長く、夜が短い。

夏至には昼の時間がもっとも長くなりますが、俳句では「日《ひ》永《なが》」といえば春、夏は「短夜《みじかよ》」、秋は「夜長《よなが》」、冬は「短日《たんじつ》」と定められています。「明易《あけやす》し」は、暮れるのが遅く、夜明けが早い夏の夜をあらわします。かつて「あした」は翌日ではなく、朝（夜明け）の意味でした。

乃東枯《なつかれくさかるる》

《七十二候・第二十八候》　新暦6月21日〜25日ころ

乃東はウツボグサの漢名。生薬として用いられる。

「乃東《だいとう》」は、陽《ひ》あたりのよい草地に群生するシソ科の多年草です。初夏、弓矢を入れる靫《うつぼ》に似た紫色の花が集まって咲くことからウツボグサといわれます。夏至のころになると花《か》穂《すい》が黒ずんで枯れたように見えることから「夏枯草《かこそう》」と呼ばれます。その花穂を煎《せん》じて利尿剤や消炎剤に用いることから生薬《しょうやく》として知られています。

菖蒲華《あやめはなさく》

《七十二候・第二十九候》新暦6月26日～30日ころ
アヤメの花が咲き、水辺を彩る。

古来、「菖蒲」と書いてアヤメと呼ばれていたのは、サトイモ科のショウブです。葉は魔よけの力があるとして端午《たんご》の節句《せっく》の菖蒲酒《しょうぶざけ》や菖蒲湯に使われ、黄緑色の小さなイボイボの花弁を棒状につけます。いっぽう、紫や白の大きな花弁のハナショウブは、観賞用に改良されたアヤメ科の園芸品種です。アヤメ科の花には文目《あやめ》（網目模様）があります。

半夏生《はんげしょうず》

《七十二候・第三十候》新暦7月1日～6日ころ
半夏はカラスビシャクの漢名。根茎を乾燥させて生薬として用いる。

「半夏生《はんげしょう》」は雑節※のひとつで、梅雨が明ける目安とされています。サトイモ科のカラスビシャクは、花が咲く夏の半ばに根茎を採取することから「半夏《はんげ》」と呼ばれ、悪心《おしん》、嘔吐《おうと》、消化不良、咳《せき》、痰《たん》などの改善に用いられます。また、ハンゲショウというドクダミ科の植物があります。葉の半分が白くなることから「半化粧」や「片白草《かたしろぐさ》」と呼ばれます。

※雑節……二十四節気とは別に、季節の変化をつかむ目安として日本でつくられた。「節分」「八十八夜」「入梅」「半夏生」「二百十日」「土用」「彼岸」など。

小暑《しょうしょ》

《二十四節気・第十一節》

新暦7月7日ころ

梅雨が明けて本格的な夏になる。

「小暑《しょうしょ》」と「大暑《たいしょ》」のころは、一年のうちでもっとも暑さが厳しいことから「暑中《しょちゅう》」と呼ばれます。夏バテ予防といえば、土用丑《うし》の日のうなぎ。暑中見舞いの習慣は、暑さに負けて生水を飲みすぎたり食欲が減退したり、体調をくずしやすいことから生まれました。

温風至《あつかぜいたる》

《七十二候・第三十一候》新暦7月7日〜11日ころ

熱気を帯びた南風が夏の到来を告げる。

風は大気の流れであり、気圧の高いところから低いところに向かって吹きます。南から吹き寄せる夏の季節風は、当然のことながら高温多湿となり、蒸し暑い。東日本では南風を「みなみ」と呼ぶことが多く、とくに日本海側の強風を「大南風《おおみなみ》」といいます。西日本では「はえ」と呼び、梅雨どきは「黒南風《くろはえ》」、梅雨明け後は「白南風《しらはえ》」と呼んでいます。

蓮始華《はすはじめてひらく》

《七十二候・第三十二候》新暦7月12日～16日ころ
泥水に染まらず清く美しく咲くハスの花は、極楽浄土の象徴。

ハスの花は「蓮華《れんげ》」と呼ばれ、仏教において神聖な花です。仏像の台座にもなっていますね。きれいな水ではなく、むしろ泥水の養分を吸ってこそ大輪の花が咲くその姿から、釈《しゃ》迦《か》は「困難や悲しみから立ちあがったあとには、清らかな大輪の花が咲く人生がある。俗世にあって俗世に染まらず、清い心で生きなさい」と教えています。

鷹乃学習《たかすなわちわざをならう》

《七十二候・第三十三候》新暦7月17日～21日ころ
鷹の子が飛び方や狩りの方法を学び、独り立ちの準備を始める。

立秋前約18日間が夏の土用です。「土用」は本来、古代中国の五行思想に基づく季節の変わり目であり、春夏秋冬にありました。夏の土用のよく晴れた日は衣類や書籍を風にあてる「虫干し」に最適とされますが、台風に襲われることもあります。夏の土用の天候でその年の豊凶を占ったことから重視され、もっぱら夏の土用だけが残ったようです。

大暑《たいしょ》

《二十四節気・第十二節》
新暦7月22日ころ

夏真っ盛り、酷暑《こくしょ》の季節。

真夏の焼けつくような暑さを「炎暑《えんしょ》」といいます。学校も夏休みとなり、夏祭りや花火大会など、夏らしいイベントが多くあります。しかし、もう晩夏。熱帯夜がいつまでも続く年があったり、後半になると秋風が吹いて涼しくなる年もあります。

桐始結花《きりはじめてはなをむすぶ》

《七十二候・第三十四候》新暦7月22日～27日ころ

桐は高貴な木とされ、日本国政府の紋章となっている。

桐の花はじつは5月ころ、高い枝の先に紫色の花が集まって咲きます。そして房のまま、この時期に卵形の実を結びます。桐はどこでもよく育ち、成長が早いため、昔は女児が生まれたら桐を庭に植え、桐タンスを仕立てて嫁入り道具に持たせたといわれます。桐は材質が軽くて耐湿・耐乾性に優れ、同時に収縮・膨潤《ぼうじゅん》率が低く、家具材に最適です。

土潤溽暑《つちうるおうてむしあつし》

《七十二候・第三十五候》新暦7月28日〜8月1日ころ
大気は蒸し暑いが、植物は生き生きとしている。

湿気が多く、じっとり蒸し暑いことを「溽暑《じょくしょ》」といいます。とくに日射が強く風が弱いとき、草むらの表面の温度は気温よりも高くなり、葉からの蒸散作用が盛んになって湿度が上がります。これがムッとする〝草いきれ〟の原因です。不快指数が高く堪えがたい暑さだからこそ、微風でも木陰でも、ほんの少しの涼味が心地よく感じられます。

大雨時行《たいうときどきにふる》

《七十二候・第三十六候》新暦8月2日〜6日ころ
激しい大雨が降って夏が終わる。

夕立《ゆうだち》は、湿度が高く蒸し暑い油照《あぶらで》りの午後、急に雲が立ちこめて局地的に降るにわか雨。ひとしきり降ったあとは晴れあがり、セミがまた激しく鳴きだします。

平安時代の歌集『古今和歌六帖《こきんわかろくじょう》』の「夕立に夏は往《い》ぬめりそぼちつつ秋の境に今や至らむ」という歌は、夕立とともに夏は去っていくようだと、夏の果てを詠《よ》んでいます。

風流な雨の名前

日本は雨が多く、降り方もさまざまです。日本人は、そんな細かい違いを敏感に感じとって多彩な表現を生みだしています。季節、降り方、そして感情によっても呼び方を変え、イヤな雨も恵みの雨も暮らしのなかに溶けこませています。

季節の雨の名前

春

花の雨
春に降る雨の総称。

紅雨《こうう》
花に降りそそぐ雨。

春雨《はるさめ》
春のしとしとと降る雨。

菜種梅雨《なたねづゆ》
菜の花が咲くころに降りつづく長雨。

卯の花腐し《うのはなくたし》
旧暦4月、卯の花が咲くころに降りつづく長雨。

小糠雨《こぬかあめ》
春に降る細かな雨。

夏

緑雨《りょくう》
新緑のころに降る雨。「翠雨《すいう》」とも。

梅雨《ばいう》
梅の実が熟すころに降る雨。「梅雨《つゆ》」といえば雨の期間を指す。「黴雨《ばいう》」とも。

白雨《はくう》
明るい空から降るにわか雨。

五月雨《さみだれ》
旧暦5月の長雨。雨そのものを指す。麦の実る時期なので「麦雨《ばくう》」とも。

夕立《ゆうだち》
夏の午後に降る激しいにわか雨。雷をともなうことが多い。

洒涙雨《さいるいう》
旧暦7月7日の七夕《たなばた》の夜に降る雨。牽牛《けんぎゅう》と織女《しょくじょ》が流す涙とされる。

秋《あき》の村雨《むらさめ》
初秋に降る暑さをやわらげる雨。「村雨」は夏の季語。

秋入梅《あきついり》
秋の長雨の期間に入ること。「秋黴雨《あきついり》」とも。

御山洗《おやまあらい》
旧暦7月26日の富士山の「お山じまい」のころに降る雨をいう。

秋雨《あきさめ》
秋に降りつづく長雨。「秋雨《しゅうう》」「秋霖《しゅうりん》」とも。

霧雨《きりさめ》
秋に降る細かな雨。

秋時雨《あきしぐれ》
冬が近いことを予感させる晩秋の雨。「時雨」は冬の季語。

時雨《しぐれ》
降ったりやんだりの雨。

液雨《えきう》
小雪《しょうせつ》のころに降る雨。時雨《しぐれ》の中国名。「薬雨《やくう》」とも。

風巻《しまき》
雨や雪を交えて激しく吹く風。

氷雨《ひさめ》
霙《みぞれ》まじりの冷たい雨。

鬼洗《おにあら》い
大晦日《おおみそか》に降る雨。

御降《おさがり》
正月三が日に降る雨。正月に雨や雪が降ると、豊作の前兆《ぜんちょう》とされる。

強い雨

篠突《しのつ》く雨
激しく降る雨。

飛雨《ひう》
風まじりの激しい雨。

大雨《おおあめ》
気象庁の用語では、災害が発生するおそれのある雨。

弱い雨

小雨《こさめ》
小降りの雨。細かな雨。「少雨《しょうう》」「微雨《びう》」「細雨《さいう》」とも。

煙雨《えんう》
煙《けむ》るように降る雨。「小糠雨《こぬかあめ》」「霧雨《きりさめ》」とも。

涙雨《なみだあめ》
涙のように、ほんの少しだけ降る雨。喜び・悲しみの涙とされる。

いきなりの雨

驟雨《しゅうう》
急にどっと降り、しばらくするとやむ雨。「夕立」「にわか雨」「村雨《むらさめ》」とも。

天気雨《てんきあめ》
晴れているのに降る雨。「日照雨《ひでりあめ》」「狐の嫁入り」「天泣《てんきゅう》」とも。

やらずの雨
帰ろうとする人をひきとめるかのように降ってくる雨。

降りつづく雨

宿雨《しゅくう》
前夜から続く雨。連日降りつづく長雨。

霖雨《りんう》
何日も降りつづく長雨。

陰雨《いんう》
しとしとと降りつづく雨。

恵みの雨

慈雨《じう》
ほどよいときにほどよく降って、草木をうるおし、作物の生長をもたらす喜ばしい雨。

立秋《りっしゅう》

《二十四節気・第十三節》
新暦8月7日ころ

暦の上では今日から秋となる。

気候的にはまだ真夏ですが、時候のあいさつも残暑見舞いに変わります。名残《なごり》の夏のなかに「風」「虫の音《ね》」「空の色」など少しずつ秋の兆《きざ》しを感じてくるころ。旧盆の時期でもあり、全国各地で盆踊りなどのイベントが開催されます。立冬《りっとう》の前日までが秋です。

涼風至《すずかぜいたる》

《七十二候・第三十七候》新暦8月7日～11日ころ

風のなかにふと、秋の気配を感じる。

「涼風《りょうふう》」は夏の季語です。昼間はまだ真夏の暑さですが、夕暮れどきには秋の気配を感じさせる涼やかな風が混ざりはじめます。まさに〝小さい秋〟が誕生するころですね。私にとってこの時期の風物詩は、夏の甲子園（全国高等学校野球選手権大会）です。テレビの前で高校球児たちの熱い闘いに釘づけになっています。

寒蟬鳴《ひぐらしなく》

《七十二候・第三十八候》新暦8月12日〜16日ころ
夕暮れどき、蜩《ひぐらし》が「カナカナカナ」と甲高《かんだか》く鳴く。

セミは種類によって鳴き声が違うので、セミの声で季節を感じます。私の感覚では、アブラゼミ、ニイニイゼミが盛夏、ヒグラシが初秋、ツクツクボウシが秋といったイメージです。朝夕の「カナカナカナ」という、せつない鳴き声が初秋にふさわしいですね。

山村暮鳥《ぼちょう》の詩に「かな かな／かな かな／どこかに／いい国があるんだ」とあります。

蒙霧升降《ふかききりまとう》

《七十二候・第三十九候》新暦8月17日〜22日ころ
北海道の摩周湖《ましゅうこ》は、とくに夏に霧が多いことで知られている。

まだまだ暑いといっても朝夕は少しずつ気温が下がり、霧《きり》が発生しやすくなります。

霧は、地面や水面に近い空気が冷やされて凝結し、小さな水滴になって空中に浮遊している現象です。同じ現象でも、春は「霞《かすみ》」、秋は「霧」といいます。霧のつく季語には、「朝霧《あさぎり》」「夕霧《ゆうぎり》」「夜霧《よぎり》」「薄霧《うすぎり》」「濃霧《のうむ》」「狭霧《さぎり》」「霧襖《きりぶすま》」「霧雫《きりしずく》」などがあります。

処暑《しょしょ》

《二十四節気・第十四節》

新暦8月23日ころ

ようやく暑さが峠を越えてやわらぐ。

「処暑」とは、暑さが落ち着く、という意味です。朝夕には涼しい風が吹き、秋のおとずれを感じます。暑さが峠を越すと、草むらでは秋の虫たちが大合唱し、穀物が実りはじめます。しかし、この時期は一年でもっとも台風が発生しやすく、日本への接近・上陸も多くなります。

綿柎開《わたのはなしべひらく》

《七十二候・第四十候》新暦8月23日〜27日ころ

綿花を摘みとるころ。萼がついた綿毛は花材としても用いられる。

「柎《はなしべ》」は、花の萼《がく》のことです。ワタはアオイ科の多年草で、7月から9月にかけて淡いクリーム色の花を咲かせます。その花が散ったあとに生長した萼がはじけて、中から真っ白でふわふわの綿花（コットンボール）が現れます。祖母の家が布団屋さんだったので、子どものころ、ペシャンコになった綿布団を打ち直して再利用していたのを覚えています。

天地始粛《てんちはじめてさむし》

《七十二候・第四十一候》新暦8月28日〜9月1日ころ
空気が澄んで秋の空となる。北国では急速に秋が深まっていく。

「粛《しゅく》」は、鎮《しず》まるやつつしむといった様子をあらわします。夏の暑さが徐々に鎮まり、秋らしい涼しさがおとずれるころです。前章で「一葉《いちよう》落ちて天下の秋を知る」を紹介しましたが、「桐一葉《きりひとは》」という季語もあります。「桐一葉日当たりながら落ちにけり」（高浜虚子）秋に先がけて、ふわりと桐の葉が落ちる。季節の微妙な変化を感じさせてくれます。

禾乃登《こくものすなわちみのる》

《七十二候・第四十二候》新暦9月2日〜6日ころ
稲が実り、穂をたらすころ。この時期は台風の襲来も多い。

「禾《のぎ》」は、稲や藁《わら》など穀物の穂先に生えている毛のことで、穀物の総称でもあります。「登」は、ここでは「実る」「成熟する」という意味です。農家の皆さんにとっては、作物が実り、収穫を待ちわびる楽しみな時期であるとともに、台風襲来の不安な時期でもあります。全国各地で風を鎮め、五穀豊穣を願う風鎮祭《ふうちんさい》がおこなわれます。

白露《はくろ》

《二十四節気・第十五節》

新暦9月7日ころ

夜間の気温が下がり、草葉に露がつく。

夏から秋へうつろい、ものさびしい思いを感じるころです。「露の世は露の世ながらさりながら」——小林一茶《いっさ》が、わが子を失った悲しみを詠《よ》んだ句です。はかない命を、陽《ひ》にあたるとたちまち消えてしまう露《つゆ》にたとえた名句です。秋の晴れわたった空は高く感じられます。

草露白《くさのつゆしろし》

《七十二候・第四十三候》新暦9月7日〜11日ころ

草の葉についた朝露が白く光って見える。

「草露白」から露草《つゆくさ》を連想する人も多いでしょう。ツユクサは早朝に鮮やかな青い花を咲かせ、日中にはしぼんでしまいます。そのはかない様子から、この名がついたといわれます。かつては「月草《つきくさ》」とも呼ばれ、『万葉集』では「朝《あした》咲き夕《ゆうべ》は消《け》ぬる月草の消《け》ぬべき恋も我れはするかも」など、はかない恋にたとえて多く詠まれています。

鶺鴒鳴《せきれいなく》

《七十二候・第四十四候》新暦9月12日〜16日ころ
空に響きわたる小鳥のさえずりに秋のおとずれを感じる。

「チチン、チチン」と鳴くのはハクセキレイ。かつては北海道や東北で繁殖し、秋ころに関東以南にやってきました。いまでは四季を通じて全国で見られるようになりました。
セキレイは、長い尾を上下に振って歩くことから「石叩《いしたた》き」とも呼ばれ、『日本書紀』では、イザナギとイザナミに男女の交わりを教えたとされ、「恋教鳥《こいおしえどり》」の異名もあります。

玄鳥去《つばめさる》

《七十二候・第四十五候》新暦9月17日〜21日ころ
日照時間の長さを感知してツバメが南方へ帰っていく。

春に日本に渡ってきたツバメなどの夏鳥は、繁殖・子育てを終えて、この時期に越冬地の東南アジアやオーストラリアなどへ旅立ちます。春はそれぞれ飛んでくるツバメたちですが、帰りは子ツバメを含む数千から数万の大集団で帰っていきます。天敵であるツバメが去るのを待って、赤トンボが飛びはじめます。

秋分《しゅうぶん》

《二十四節気・第十六節》
新暦9月22日ころ

春分と同じく、昼と夜の長さがほぼ同じになる。

青く澄みわたった秋空を見上げると、「天高く馬肥《こ》ゆる秋」という言葉を思いだします。「天高い」のは、夏と秋の雲の違いによります。夏の積雲《せきうん》は下からむくむくと成長し、秋の巻雲《けんうん》は薄い上層雲です。秋は収穫の季節でもあり、食欲は増すばかりです。

雷乃収声《かみなりすなわちこえをおさむ》

《七十二候・第四十六候》 新暦9月22日～27日ころ

雷の音を聞かなくなる。雷が多い年は豊作になるといわれる。

春分《しゅんぶん》の第十二候「雷乃発声《かみなりすなわちこえをはっす》」のころから始まり、夏の間ゴロゴロと鳴り響いていた雷がしばらくお休みになるころです。収穫した秋の実りを神前にそなえて感謝し、翌年の豊作を祈る収穫祭がおこなわれます。全国各地で開催時期は異なりますが、神楽舞《かぐらまい》や太鼓、相撲《すもう》、流鏑馬《やぶさめ》、武道などの奉納神事が催されます。

蟄虫坏戸《むしかくれてとをふさぐ》

《七十二候・第四十七候》新暦9月28日〜10月2日ころ
虫たちが土のなかにもぐりはじめる。

3月初旬の第七候「蟄虫啓戸《すごもりむしとをひらく》」と対《つい》を成しています。地中で越冬する虫たちが巣穴の戸を閉めて冬にそなえます。いっぽうで、成虫のままで越冬できないバッタやコオロギなどの虫たちは産卵し、卵で越冬します。冬に見かけるミノムシは、「ミノガ」というガの幼虫で、口から出す糸で木の葉や枝とつなぎあわせて蓑《みの》をつくり、越冬します。

水始涸《みずはじめてかる》

《七十二候・第四十八候》新暦10月3日〜7日ころ
稲刈りに向けて、畔《あぜ》の水口を切って田の水を抜く。

稲刈りは、稲の穂が5割ほど出た「出穂《しゅっすい》」から40日から45日前後です。田の水を抜くのは、稲刈りの5日から10日前といわれるので逆算すると、出穂から35日から40日後ということになります。その年の天候や土の状態に左右されるため、水を抜くタイミングには慎重な判断が求められます。生産者にとって、もっとも気が張る数日間です。

寒露《かんろ》

《二十四節気・第十七節》
新暦10月8日ころ

日暮れが早くなり、秋がより深まってくる。

秋分《しゅうぶん》を過ぎると、日に日に夜が長くなっていきます。秋の涼しさと夜長は読書をするのによい時間です。「妹に軍書読ます夜長哉《かな》」――病床の正岡子規は、看病してくれる妹に軍記を読んでもらいながら、秋の夜長を感じていたのですね。

鴻雁来《こうがんきたる》

《七十二候・第四十九候》新暦10月8日～12日ころ

シベリアなど遠く離れた北方からガンが飛来する。

夏鳥のツバメたちが南方に去り、それと入れ替わるように北方から渡ってくるのが冬鳥のガンたちです。マガンやオオハクチョウの日本最大の越冬地は、宮城県北部の登米《とめ》市と栗原《くりはら》市にまたがる伊豆沼《いずぬま》です。日の出や夕方、マガンがいっせいに飛び立つときの羽音と鳴き声は荘厳《そうごん》で、環境省の「残したい〝日本の音風景１００選〟」にも選ばれています。

菊花開《きくのはなひらく》

《七十二候・第五十候》新暦10月13日～17日ころ
菊の花が見ごろになる。旧暦9月9日は菊の節句。

「菊」は皇室の紋章であり、「桜」と並んで国花とされています。パスポートの表紙にも金色の菊の紋章が使われています。菊は日本原産ではありません。奈良時代に中国から、疲れ目やかすみ目に効く薬草として伝わりました。観賞用として品種改良が盛んになったのは江戸時代に入ってからです。食用菊は、愛知県や山形県が特産地です。

蟋蟀在戸《きりぎりすとにあり》

《七十二候・第五十一候》新暦10月18日～22日ころ
身近にコオロギの鳴き声が聞こえるようになる。

ここでいう「蟋蟀《きりぎりす》」は、コオロギを含めた秋に鳴く虫の総称でしょう。古代日本では、コオロギのことをキリギリスと呼んでいたようです。夏は野原で鳴いていた虫たちが、明かりやぬくもりを求めて人の住む軒先までやってくる様子がうかがえます。寒くなるにつれ虫の音《ね》は弱く、ものさびしくなってきます。最期の時を待ちながら奏《かな》でているようです。

霜降《そうこう》

《二十四節気・第十八節》

新暦10月23日ころ

露が冷気によって霜となって降りはじめる。

北国から初霜《はつしも》のニュースが届くころ、都会でも朝晩の冷えこみを意識するようになります。「そぞろ寒《さむ》」という晩秋の季語がぴったりです。そぞろは、「何となく」「わけもなく」といった意味。体で感じる寒さというより、季節の変化を心で感じる寒さという感じです。

霜始降《しもはじめてふる》

《七十二候・第五十二候》新暦10月23日〜27日ころ

朝晩ぐっと冷えこむようになり、里にも霜が降りはじめる。

霜は、夜から朝にかけて気温が3〜4度以下、地表面付近が氷点下になり、空気中の水蒸気が冷えて氷の結晶になったものです。あたり一面に霜が降《お》り、朝日を浴びて輝くさまは美しいものですが、農作物や果実に大きな被害を及ぼす場合があります。天気予報でも霜注意報を発表し、農作物の管理に注意を促します。

霎時施《こさめときどきふる》

《七十二候・第五十三候》新暦10月28日〜11月1日ころ
秋の天気は変わりやすい。急にパラパラと降ってはやむ時雨をいう。

「時雨《しぐれ》」は冬の季語ですが、晩秋から初冬にかけての通り雨をいいます。「初しぐれ猿も小蓑《こみの》をほしげなり」――松尾芭蕉《ばしょう》の有名な句です。山道で初時雨に遭《あ》い、あわてて腰に蓑をまいた芭蕉を、木の上からうらやましそうに見つめているサルの姿が思い浮かびます。10月29日は、語呂合わせから「てぶくろの日」。そろそろ冬支度です。

楓蔦黄《もみじつたきばむ》

《七十二候・第五十四候》新暦11月2日〜6日ころ
モミジやツタが赤や黄色に色づく。昼夜の温度差が大きいほど美しい。

「桜前線」とは逆に、北から南下する「紅葉前線」。北海道や東北は10月、関東から九州にかけては11月から12月が見ごろでしょうか。紅葉狩りの歴史は古く、平安時代に貴族たちの雅《みやび》な催《もよお》しとして始まりました。庶民に広まったのは江戸時代中期、伊勢参りや熊野詣《もうで》がブームになったころ。花見と同様に、木の下で宴会を開いていたようです。

風流な風の名前

日本列島は南北に細長く入りくんだ複雑な地形をしており、四季折々に吹く風もさまざまです。古来、日本人は風の微細な変化に関心を寄せ、豊かな言葉で表現してきました。先人たちの風とともに生きた証《あか》しを感じとってください。

季節の風の名前

春

春一番《はるいちばん》　立春を過ぎて初めて吹く強い南寄りの風。

東風《こち》　早春に吹く東寄りの風。

涅槃西風《ねはんにし》　旧暦2月15日の涅槃会《ねはんえ》のころに吹く北西の季節風。

貝寄風《かいよせ》　旧暦2月20日ころに吹く強い西風。この風で難波《なにわ》の浜に打ち寄せられた貝は、龍神から聖徳太子への捧げものと伝わる。

花風《はなかぜ》　桜の花の盛りに吹く風。

春嵐《はるあらし》　春に吹き荒れる強風。「春嵐《しゅんらん》」「春疾風《はるはやて》」とも。

油風《あぶらかぜ》　晩春のおだやかな晴天に吹く南寄りの風。「油まじ」とも。

夏

凱風《がいふう》　初夏に吹く南寄りのおだやかな風。

青嵐《せいらん》　初夏、青葉のころに吹くやや強い風。「青嵐《あおあらし》」とも。

黒南風《くろはえ》　梅雨のはじめ、どんよりと曇《くも》った日に吹く南風。

白南風《しろはえ》　梅雨が明け、晴れた夏空に吹く南風。

青《あお》田《た》風《かぜ》　青々とした水田を吹きぬける風。

土《ど》用《よう》東《ご》風《ち》　夏の土用に吹く涼しい東風。「土用あい」「青東風《あおごち》」とも。

盆《ぼん》東《ご》風《ち》　盂蘭盆会《うらぼんえ》のころ、東から吹いてくる風。

初《はつ》嵐《あらし》　秋のはじめに吹く強い風。季節の最初に吹く風を指すことも。

野《の》分《わき》　野の草を吹き分ける強い風。台風の古称。

いなさ　東南から吹く暴風。雨の前兆《ぜんちょう》とされる。

雁《かり》渡《わた》し　ガンが渡ってくる初秋から仲秋にかけて吹く北風。

荻《おぎ》の風　荻の葉を揺らして吹く風。荻は湿地に群生し、ススキに似た花穂《かすい》をつける。

金《きん》風《ぷう》　秋の風。古代中国の五行思想に基づき、「金《ごん》」の気が秋を支配することから。

色なき風　秋の風。五行思想で秋の色は「白」、中国で「素風《そふう》」といったことから。

悲《ひ》風《ふう》　寂しく悲しげに吹く秋風。

木《こ》枯《が》らし　晩秋から初冬に吹く冷たい北風。「凩《こがらし》」「木嵐《こがらし》」とも。

北《き》風《た》　冬の北風。「陰風《いんぷう》」「朔風《さくふう》」とも。

颪《おろし》　山などから吹きおろしてくる冷たい強風。赤城颪《あかぎおろし》、六甲颪《ろっこうおろし》など。

空《から》っ風《かぜ》　冬、山を越えて吹きつける乾燥した冷たい風。

淩《さらい》の風　降りつもった雪を吹き散らす風。ものを吹きさらう風。

霜《しも》風《かぜ》　霜の上をわたってくる冷たい風。霜の降《お》りそうな寒い風。

ならい　東日本の太平洋沿岸で冬に吹く北寄りの風。

たま風　東北・北陸地方の日本海沿岸で冬に北西から吹く暴風。

立冬《りっとう》

《二十四節気・第十九節》

新暦11月7日ころ

暦の上では今日から冬となる。

秋が深まり、冬の気配が立ちはじめるころ。日暮れも一段と早まります。「暦《こよみ》の上では冬」と聞くだけで、背中がゾクッとします。暖かくおだやかな小春日和《こはるびより》もありますが、油断すると風邪をひきやすい時期。旬のリンゴでビタミン補給がおすすめです。

山茶始開《つばきはじめてひらく》

《七十二候・第五十五候》新暦11月7日～11日ころ

童謡『たきび』で歌われる、サザンカ（山茶花）が咲きはじめる。

「山茶《さんちゃ》」はツバキの漢名で、ツバキ類一般を指します。サザンカは、ツバキ科ツバキ属で日本原産。昔は新芽を摘んでお茶として飲用したことから「山茶花」という名前がついたといわれます。サザンカとツバキはそっくりですが、花の散り際に決定的な違いがあります。ツバキは花ごとポトリと落ち、サザンカは花びらがハラハラと1枚ずつ散ります。

地始凍《ちはじめてこおる》

《七十二候・第五十六候》新暦11月12日〜16日ころ
朝、霜柱《しもばしら》が立ち、水たまりに薄氷《うすごおり》が張る。

冬になり、初めて氷が張った日を「初氷《はつごおり》」として、各地の気象台が観測し発表しています。初氷の日は、南北に長い日本では10月から12月までさまざまです。観測方法は、「露場《ろじょう》」と呼ばれる観測場所に、「結氷皿《けっぴょうざら》」という銅製の容器に水を入れたものを置き、触ってみて、少しでも氷になっていれば初氷となります。

金盞香《きんせんかさく》

《七十二候・第五十七候》新暦11月17日〜21日ころ
スイセンの花が咲き、よい香りをただよわせる。

「金盞花」は、キク科のキンセンカではなく、ヒガンバナ科のスイセンを指します。花の中心の黄色い部分を金の杯《さかずき》（金盞《きんさん》）にたとえたことに由来します。花期は11月から3月。冬の寒さに負けず凛《りん》としたたたずまいを保ち、「雪中花《せっちゅうか》」とも呼ばれます。スイセンには毒性があり、葉はニラに似て、球根はタマネギやノビルと間違えやすいのでご注意を。

小雪《しょうせつ》

《二十四節気・第二十節》
新暦11月22日ころ

北国から雪の知らせが届く。

「山眠る」――うっすらと雪を得た冬山は静まりかえり、まさに眠っているようです。街路樹のイチョウが黄金色《こがねいろ》に色づくのもこのころです。近年は各地でライトアップイベントもおこなわれています。並木道散歩で冬のおとずれを感じるのもいいものです。

虹蔵不見《にじかくれてみえず》

《七十二候・第五十八候》新暦11月22日〜26日ころ

大気が乾燥し、虹を見ることが少なくなる。

4月中旬の第十五候「虹始見《にじはじめてあらわる》」と対《つい》を成しています。冬は日差しが弱く、大気が乾燥しているため、虹《にじ》の出る条件が少なくなります。まれに冬の空に虹がかかるとうれしいものです。「冬の虹」という冬の季語も存在します。11月22日の「いい夫婦の日」に続いて、25日は「いい笑顔の日」。25（にっこり＝笑顔）の語呂合わせです。

朔風払葉《きたかぜこのはをはらう》

《七十二候・第五十九候》新暦11月27日〜12月1日ころ

冷たい北風が木の葉を吹き飛ばすころ。

北風に葉を飛ばされた冬枯れの裸木《はだかぎ》を「冬木立《ふゆこだち》」といいます。寒々しく突っ立っている木々を見ると、春になると本当に芽吹くのかと心配になります。

「斧入れて香におどろくや冬木立」――枯れ木を切ろうと斧《おの》を打ちつけた瞬間、匂いたつ清々《すがすが》しい木の香《か》に驚く。冬木立にひそむ生命力を感じさせる与謝蕪村《よさぶそん》の一句です。

橘始黄《たちばなはじめてきばむ》

《七十二候・第六十候》新暦12月2日〜6日ころ

常緑樹のタチバナの実は不老不死の霊薬とされる。

タチバナは、ミカン科ミカン属の常緑樹で、別名をヤマトタチバナといいます。日本に数多くある柑橘類《かんきつるい》のなかで、ヤマトタチバナと沖縄のシークヮーサーだけが日本原産です。冬でも葉はつややかな緑を保ち、黄金色の実をつけることから、古代から長寿と繁栄の象徴とされてきました。文化勲章には、タチバナの白い花がデザインされています。

大雪《たいせつ》

《二十四節気・第二十一節》

新暦12月7日ころ

平地でも雪が降るようになる。

北国では平地にも雪が積もり、春まで地面を覆《おお》う根雪《ねゆき》になります。多忙な師走《しわす》に雪道の往来は大変ですね。『忠臣蔵《ちゅうしんぐら》』でお馴染《なじ》みの赤穂浪士《あこうろうし》の討ち入りの日は12月14日。前日までの雪が残っていたといわれます。ただし、これは旧暦。新暦では1月30日にあたります。

閉塞成冬《そらさむくふゆとなる》

《七十二候・第六十一候》新暦12月7日～11日ころ

空をふさぐように雲がたれこめ、生きものたちもじっとしている。

「閉塞成冬」という文字面だけで、本格的な冬のおとずれを感じます。金沢の兼六園《けんろくえん》では、日本庭園の雪吊《ゆきづ》りの作業が11月初旬から始まり、この時期まで続きます。

日本海側の街中では積雪時にも通行できるように雪よけ屋根が役立ちはじめるころです。新潟では「雁木《がんぎ》」、秋田や青森では「小見世《こみせ》」、山形では「小間屋《こまや》」と呼ばれています。

熊蟄穴《くまあなにこもる》

《七十二候・第六十二候》新暦12月12日～15日ころ
クマが冬ごもりに入るころ。栄養を蓄えた母グマは子を産み、育てる。

冬ごもりするクマのおもな栄養源は、ドングリやクリなどの木の実です。近年はドングリが不作で、おなかを空《す》かせたクマが山里まで降りてきて〝クマ出没〟のニュースも増えています。冬眠期間は12月から4月といわれていますが、個体差もあるので注意が必要です。メスのクマは冬眠中に出産し、眠った状態で授乳するそうです。

鱖魚群《さけのうおむらがる》

《七十二候・第六十三候》新暦12月16日～20日ころ
サケが産卵のために生まれた川にもどってくる。

「鱖魚《けつぎょ》」は、中国東部に生息するスズキ目スズキ科の淡水魚です。中国の暦《こよみ》が日本に入ってきたとき、日本に鱖魚はいないため、サケ目サケ科のサケ（鮭）を充てたようです。日本でのサケの遡上《そじょう》は9月ころから始まり、この時期まで続きます。内臓を取り除き、塩漬けにして干した新巻鮭《あらまきざけ》は、お歳暮《せいぼ》の贈答品としても人気です。

冬至《とうじ》

《二十四節気・第二十二節》
新暦12月21日ころ

北半球ではもっとも昼の時間が短い。

冬至を境に太陽が出ている時間が長くなっていくため、「一陽《いちよう》来復《らいふく》＝運気が上向きに転じて福を招く日」といわれます。運を呼びこむために〝ん（運）〟のつく食べものがよいということで、南京《なんきん》（カボチャ）、ギンナン、レンコンなどを食べるようになりました。

乃東生《なつかれくさしょうず》

《七十二候・第六十四候》新暦12月21日～25日ころ

「夏枯草《かこそう》」と呼ばれるウツボグサが発芽する。

夏至《げし》の第二十八候「乃東枯《なつかれくさかるる》」と対《つい》を成しています。前述のとおり、乃東はウツボグサの漢名です。緑の少ないこの時期に枯野から芽生《めば》える珍しい野草です。

冬至には柚子湯《ゆずゆ》も欠かせません。ユズの果皮には、ビタミンCやポリフェノールの一種であるヘスペリジンが豊富に含まれ、血行促進や保温効果があるとされています。

麋角解《おおしかのつのおつる》

《七十二候・第六十五候》新暦12月26日〜30日ころ
中国の七十二候に由来する大シカが角を落とすころとされる。

ニホンジカは春先に角《つの》を落とします。角が生えるのはオスだけで、一年に一度生え変わります。「麋《おおしか》」は中国原産の麋鹿《ミールー》という大型のシカとされ、現在は野生では見られません。日本には生息しておらず、「角がシカ、尾がロバ、蹄《ひづめ》がウシ、首がラクダに似ているが全体を見ればどれにも似ていない」とされることから〝四不像《しふぞう》〟と呼ばれ、神聖視されました。

雪下出麦《ゆきわたりてむぎいずる》

《七十二候・第六十六候》新暦12月31日〜1月4日ころ
雪の下ではすでに麦が芽吹いている。

一面に覆《おお》われた雪の下で麦が芽吹くころ、私たちも新年を迎えます。元日の朝、その年に初めて汲《く》む水を「若水《わかみず》」と呼びます。昔、若水を汲みにいくのは年男の役割とされていました。若水は邪気を除くといわれ、年神様にそなえたあと、口をすすいだり、料理やお茶に用いられます。また、書初《かきぞ》めの墨を摺《す》るのにも使われます。

小寒《しょうかん》

《二十四節気・第二十三節》
新暦1月5日ころ
これからさらに寒さが厳しくなる。

「小寒《しょうかん》」から次の「大寒《だいかん》」の期間は、「寒の内《かんのうち》」や「寒中《かんちゅう》」と呼ばれ、一年でもっとも寒さが厳しい時期です。1月5日ころが寒入り、いただいた年賀状に返事を出す場合には「寒中見舞い」とします。そして2月3日ころの「節分《せつぶん》」が寒明けとなります。

芹乃栄《せりすなわちさかう》

《七十二候・第六十七候》新暦1月5日〜9日ころ
セリの名の由来は「競りあう」ように群生することから。

「君がため春の野に出でて若菜つむわが衣手に雪は降りつつ」——百人一首で知られる光孝《こうこう》天皇の歌です。セリは「春の七草」のひとつ。水辺に自生する日本原産の野草です。平安時代にはすでに栽培が始まり、宮中行事や神事に用いられていました。第1章で紹介したように、息災を願って正月七日に七草がゆを食べる習慣は現在も残っています。

水泉動《しみずあたたかをふくむ》

《七十二候・第六十八候》新暦1月10日〜14日ころ
地中でちょろちょろと地下水が動きはじめる。

地層で濾過《ろか》された地下水が地表に染《し》み出てきたのが湧き水です。同様に、井戸から寒中に汲んだ地下水は良質で、「寒の水で仕込むと腐らない」と昔からいわれてきました。とくに寒入りから9日目の1月14日ころに汲《く》んだ「寒九《かんく》の水」は酒造りにおいて最高とされます。また、寒九に降る雨も豊作の兆《きざ》しとして喜ばれます。

雉始雊《きじはじめてなく》

《七十二候・第六十九候》新暦1月15日〜19日ころ
キジのオスがメスを求めて鳴きはじめる。

キジは日本の国鳥です。1947年に日本鳥学会が、日本固有種であることや、「桃太郎」の昔話にも登場し親しまれていることなどから選定したそうです。オスは羽が美しく勇壮で、メスは卵やヒナを守る母性愛にあふれています。また、キジは大きく狩猟対象として最適であり、肉が美味。宮中では、正月にキジの肉を入れた雉子酒《きじざけ》をいただきます。

大寒《だいかん》

《二十四節気・第二十四節》

新暦1月20日ころ

冷えこみが極《きわ》まり、春が待ち遠しい。

武道では「寒稽古《かんげいこ》」といって、寒さに耐えて稽古をやり遂げることで精神の鍛錬《たんれん》をします。その原形は、行者《ぎょうじゃ》が寒中《かんちゅう》に冷水を浴びながら神仏に祈願する「寒《かん》垢離《ごり》」にあるとされます。寒さは厳しくとも、日脚《ひあし》が少しずつ伸び、春はもうすぐそこまで来ています。

款冬華《ふきのはなさく》

《七十二候・第七十候》新暦1月20日〜24日ころ

陽《ひ》あたりのよい雪間からフキノトウが顔を出している。

フキノトウは、フキの花のつぼみです。フキは、キク科フキ属の多年草。花が咲いたあとに地下茎から伸びる葉の部分がフキです。花が咲く前のフキノトウを摘んで天ぷらや蕗《ふき》味噌《みそ》にして食べます。独特の香りとほろ苦さがあり、新春に味わいたい味覚です。香りが食欲を増進させ、苦みには新陳代謝を活発にする働きがあり、消化を助けてくれます。

水沢腹堅《さわみずこおりつめる》

《七十二候・第七十一候》 新暦1月25日～29日ころ
寒さも底。沢の流れも凍《こお》りつく。滝が凍る氷瀑《ひょうばく》は絶景。

一般的に、放射冷却で晴れた日は寒く、暖かい日は天気が悪いのが日本の冬の気候です。「寒晒《かんざら》し」は冬の季語。寒中に食品や染めた反物《たんもの》、和紙の原料などを水に浸し、冷たい空気に晒しておくことをいいます。たとえば「寒天」の由来は、〝寒晒しでつくるところてん〟から。長野県諏訪《すわ》地方では毎年、休耕田に寒天干しの風景が広がります。

鶏始乳《にわとりはじめてとやにつく》

《七十二候・第七十二候》 新暦1月30日～2月3日ころ
ニワトリが春の気配を感じて卵を産みはじめる。

養鶏業が発達した現在は季節を問わず採卵できますが、ニワトリの自然な産卵期は春から初夏にかけてであり、2月から4月が旬とされています。寒の内に産んだ卵を「寒卵《かんたまご》」といい、なかでも大寒の日に産み落とされた卵は、母胎《ぼたい》でゆっくり時間をかけて成熟したことから、とくに滋養《じよう》が高いとして珍重されました。

【二十四節気・七十二候】

季節	二十四節気		七十二候		
春	第一節 2月4日ころ	立春	第一候	東風解凍	こちこおりをとく
			第二候	黄鶯睍睆	うぐいすなく
			第三候	魚上氷	うおこおりをいずる
	第二節 2月19日ころ	雨水	第四候	土脉潤起	つちのしょううるおいおこる
			第五候	霞始靆	かすみはじめてたなびく
			第六候	草木萌動	そうもくめばえいずる
	第三節 3月5日ころ	啓蟄	第七候	蟄虫啓戸	すごもりむしとをひらく
			第八候	桃始笑	ももはじめてさく
			第九候	菜虫化蝶	なむしちょうとなる
	第四節 3月21日ころ	春分	第十候	雀始巣	すずめはじめてすくう
			第十一候	桜始開	さくらはじめてひらく
			第十二候	雷乃発声	かみなりすなわちこえをはっす
	第五節 4月5日ころ	清明	第十三候	玄鳥至	つばめきたる
			第十四候	鴻雁北	こうがんかえる
			第十五候	虹始見	にじはじめてあらわる
	第六節 4月20日ころ	穀雨	第十六候	葭始生	あしはじめてしょうず
			第十七候	霜止出苗	しもやんでなえいずる
			第十八候	牡丹華	ぼたんはなさく
夏	第七節 5月5日ころ	立夏	第十九候	蛙始鳴	かわずはじめてなく
			第二十候	蚯蚓出	みみずいずる
			第二十一候	竹笋生	たけのこしょうず
	第八節 5月21日ころ	小満	第二十二候	蚕起食桑	かいこおきてくわをはむ
			第二十三候	紅花栄	べにばなさかう
			第二十四候	麦秋至	むぎのときいたる
	第九節 6月5日ころ	芒種	第二十五候	螳螂生	かまきりしょうず
			第二十六候	腐草為蛍	くされたるくさほたるとなる
			第二十七候	梅子黄	うめのみきばむ
	第十節 6月21日ころ	夏至	第二十八候	乃東枯	なつかれくさかるる
			第二十九候	菖蒲華	あやめはなさく
			第三十候	半夏生	はんげしょうず
	第十一節 7月7日ころ	小暑	第三十一候	温風至	あつかぜいたる
			第三十二候	蓮始華	はすはじめてひらく
			第三十三候	鷹乃学習	たかすなわちわざをならう
	第十二節 7月22日ころ	大暑	第三十四候	桐始結花	きりはじめてはなをむすぶ
			第三十五候	土潤溽暑	つちうるおうてむしあつし
			第三十六候	大雨時行	たいうときどきにふる

季節	二十四節気		七十二候		
秋	第十三節 8月7日ころ	立秋	第三十七候	涼風至	すずかぜいたる
			第三十八候	寒蟬鳴	ひぐらしなく
			第三十九候	蒙霧升降	ふかききりまとう
	第十四節 8月23日ころ	処暑	第四十候	綿柎開	わたのはなしべひらく
			第四十一候	天地始粛	てんちはじめてさむし
			第四十二候	禾乃登	こくものすなわちみのる
	第十五節 9月7日ころ	白露	第四十三候	草露白	くさのつゆしろし
			第四十四候	鶺鴒鳴	せきれいなく
			第四十五候	玄鳥去	つばめさる
	第十六節 9月22日ころ	秋分	第四十六候	雷乃収声	かみなりすなわちこえをおさむ
			第四十七候	蟄虫坏戸	むしかくれてとをふさぐ
			第四十八候	水始涸	みずはじめてかる
	第十七節 10月8日ころ	寒露	第四十九候	鴻雁来	こうがんきたる
			第五十候	菊花開	きくのはなひらく
			第五十一候	蟋蟀在戸	きりぎりすとにあり
	第十八節 10月23日ころ	霜降	第五十二候	霜始降	しもはじめてふる
			第五十三候	霎時施	こさめときどきふる
			第五十四候	楓蔦黄	もみじつたきばむ
冬	第十九節 11月7日ころ	立冬	第五十五候	山茶始開	つばきはじめてひらく
			第五十六候	地始凍	ちはじめてこおる
			第五十七候	金盞香	きんせんかさく
	第二十節 11月22日ころ	小雪	第五十八候	虹蔵不見	にじかくれてみえず
			第五十九候	朔風払葉	きたかぜこのはをはらう
			第六十候	橘始黄	たちばなはじめてきばむ
	第二十一節 12月7日ころ	大雪	第六十一候	閉塞成冬	そらさむくふゆとなる
			第六十二候	熊蟄穴	くまあなにこもる
			第六十三候	鱖魚群	さけのうおむらがる
	第二十二節 12月21日ころ	冬至	第六十四候	乃東生	なつかれくさしょうず
			第六十五候	麋角解	おおしかのつのおつる
			第六十六候	雪下出麦	ゆきわたりてむぎいずる
	第二十三節 1月5日ころ	小寒	第六十七候	芹乃栄	せりすなわちさかう
			第六十八候	水泉動	しみずあたたかをふくむ
			第六十九候	雉始雊	きじはじめてなく
	第二十四節 1月20日ころ	大寒	第七十候	款冬華	ふきのはなさく
			第七十一候	水沢腹堅	さわみずこおりつめる
			第七十二候	鶏始乳	にわとりはじめてとやにつく

第4章

生き方

人としてまっとうといわれる生き方とは——私が真っ先に思い浮かべるのは、宮澤賢治です。明治から昭和初期にかけて生きた詩人・童話作家の彼が生涯最後に書き残した『雨ニモマケズ』は、人としてありたい生き方のすべてが凝縮された、価値ある詩です。この詩は、彼が生前使っていた手帖《てちょう》にメモ書きされていたもので、没後に発見されました。

私が小学生のときには、クラスのみんなで『雨ニモマケズ』を暗唱して覚えたものです。ですから、私が総合指導をつとめるNHK・Eテレの番組『にほんごであそぼ』でも、子どもたちに暗唱に挑戦してもらいました。リズムがよい詩なので、子どもたちは楽しんで暗唱してくれました。

『雨ニモマケズ』の原文は漢字とカタカナ（旧仮名）で表記されていますが、ここでは意味を理解してもらいたいので現代語にして記します。

『雨にも負けず』

雨にも負けず／風にも負けず／
雪にも夏の暑さにも負けぬ／丈夫な体を持ち／
欲はなく／けっして怒《いか》らず／いつも静かに笑っている／

一日に玄米四合と／味噌と少しの野菜を食べ／
あらゆることを／自分を勘定《かんじょう》に入れずに／
よく見聞きし分かり／そして忘れず／
野原の松の林の蔭の／小さな萱《かや》ぶきの小屋にいて／
東に病気の子どもあれば／行って看病してやり／
西に疲れた母あれば／行ってその稲の束を負《お》い／
南に死にそうな人あれば／行って怖がらなくてもいいと言い／
北にケンカや訴訟があれば／つまらないからやめろと言い／
日照りのときは涙を流し／寒さの夏はオロオロ歩き／
みんなにデクノボーと呼ばれ／
褒《ほ》められもせず／苦にもされず／
そういう者に／私はなりたい

どこを切り取っても、芯の強さを感じる名文であり、何がよいことなのかを考えさせられます。なかでも私が印象深いのは、「いつも静かに笑っている」と「自分を勘定に入れずに」の言葉です。

たとえば、9人でケーキを切り分けるとき、自分を勘定に入れなければ8等分となり、簡単にさっと分けられます。そのようにできる人は無欲な人です。どのような役職に就《つ》いても信頼されます。

そして、簡単に不機嫌にならない、何があっても暗くならない、というのがポイントです。二刀流大リーガーの大谷翔平選手がそうですね。技術的に優れていることはもちろんですが、何があってもおだやかに笑っています。そして常にチームプレーを心がけ、全力疾走します。だから世界のどこへ行っても頼りにされる——世界水準である、ということです。

大事なのは、「そういう者に私はなりたい」というフレーズです。賢治はそのように願い、思いながら生きたということです。

あなたは、どういう人になりたいでしょうか？「礼節を重んじる人」「ウソをつかない人」「時間を守る人」「常に平常心でいる人」——どのようなことでもかまいません。そこに「そういう者に私はなりたい」というフレーズをつけてください。そう思いつづければ、それがいつしか自分のスタイルになるのです。

日本人の道徳観は江戸時代にできあがった

本章では、江戸時代の庶民の教育を支えてきた寺子屋の教科書『金言童子教《きんげんどうじきょう》』と、明治時代から太平洋戦争中まで使われていた小学校の道徳教科書『修身書《しゅうしんしょ》』から、現代に生きる私たちにも心の支えとなる文章を抜粋し、それに解説をつけました。

なぜ、いま『金言童子教』『修身書』なのか――。

日本人の道徳観は、江戸時代にすでにできあがっていました。その柱となったのは儒教《じゅきょう》の教えでした。儒教とは一般に、紀元前500年ころの中国の思想家、孔子《こうし》を始祖とする教えをいいます。

『金言童子教』は、孔子の『論語』を人間教育の柱として編さんされています。そして『修身書』も、人としてあるべき姿を教えている部分は『金言童子教』と同様です。しかし、国家主義が色濃く出ている部分もあることから戦後に廃止されました。そして改めて復活されたのが「道徳」です。

本章を一読していただければ、両書が世界に誇れる〝人間教育書〟であることがおわかりいただけると思います。

寛容

【人の過《あやま》ちを許せ】

小太郎《こたろう》は野原へ出て
文吉《ぶんきち》の来るのを待っていました。
その間に、文吉から借りたマリを
あやまって川の中へ落としてなくしました。
それで文吉が来たとき、
その訳《わけ》を話して詫《わ》びました。
文吉は「過ちだから仕方がない」と言って、
許してやりました。

『尋常小学修身書 第三期 巻二』

いまの時代、部下がミスをしたときに、怒鳴らずとも、「ダメだなぁ!」と強い口調で言うだけでパワハラになりかねません。

理由を聞かないで怒る上司は、それだけで失格です。

まずは上司自身が落ち着いて、部下に「何があったの?」と聞くことが大切です。

話を聞いてみると、「それだったら仕方がないね」ということが案外多いものです。

たとえ、原因が100%部下のミスであっても、その理由がわかると、人間というものは許せる気持ちになります。

『修身書』の小太郎は文吉が来たときすぐに、借りたマリをなくしてしまった理由を話して詫びました。

そして文吉も小太郎に対して、「バカヤロー! どうしてくれるんだ!!」などと頭ごなしに怒らなかったところに人間力を感じます。

過ちをおかした側にとって大切なのは、小太郎のように「理由を話す+詫びる」をセットにすることです。

小太郎の「あやまる勇気」、そして文吉の「許す力」、その両方を教えてくれる話です。

寛容な態度が円滑な人間関係をつくる

相手の過失をとがめだてせずに許すことを「寛《かん》容《よう》」といいます。「もういいよ」「まぁいいか」と許してあげられる力です。

たいていの過失は悪気でやったことではないのだから、どこかの時点で許さざるを得ないものです。それならば、双方の溝が深くならないうちに許すほうがよいでしょう。

礼儀

人《ひと》として礼《れい》有《あ》る者《もの》は、一生《いっしょう》の間《あいだ》、禍《わざわい》無《な》し

［現代語訳］
人と交わるときに礼節《れいせつ》を尽くせば、一生、悪い結果を招くことはない。無礼《ぶれい》があれば、悪い結果につながることが多い。

『金言童子教』

人の生涯において、誰でも多かれ少なかれ、災難に見舞われます。災難が比較的少ない人は、どのような人でしょうか。

まず、気性がおだやかな人は、他人との軋轢《あつれき》が少なく、災難に見舞われることも少ないでしょう。そしてもうひとつ、礼節を知る人、礼儀を身につけている人は、トラブルが少ないと思います。

「礼節」「礼儀」とは、社会生活の秩序を保ち、人間関係を円滑に運ぶために守るべきしきたり、作法をいいます。

たとえば、レストランへ食事に行ったとき、礼儀ができていない人は、店員の態度がちょっと気に入らないだけですぐに大声を出します。大きな声を張り上げるのは礼儀に反することです。

また、礼儀作法は儀式でも大切です。

たとえば、お葬式では皆、喪服を着て参列します。そうすることで悲しみの心を共有します。そんなときに赤いネクタイをしていったら、それは礼儀知らずとなります。

礼儀があるから気楽に生きられる

「礼」は、孔子《こうし》が重視した五常《ごじょう》の教え（仁《じん》・義《ぎ》・礼《れい》・智《ち》・信《しん》）のひとつです。

孔子を始祖とする儒教の教えから江戸時代の価値観ができ、それがその後の日本人の礼儀正しさに大きく影響を与えたことは間違いありません。

武道では「礼に始まり礼に終わる」と教えます。師弟ともに礼をする。弟子がお辞儀をするだけではなく、師のほうもお辞儀を返します。これからの学びの時間を神聖なものにしようというお互いの礼儀です。

また、あいさつは典型的な礼儀のひとつですが、あいさつが身についているだけでコミュニケーションが良好になります。

学生から、雑談が苦手でまわりの人とうまく話せないと相談を受けたことがあります。私は、「とにかくあいさつだけ、大きな声でしっかりやってみよう」とアドバイスしました。実際にやってみると、それだけで彼のコミュニケーション力がアップしたそうです。

礼儀さえ身につけておけば、良好な人間関係を築くことができ、気楽に過ごせるでしょう。

作法

【不作法《ぶさほう》なことをするな】

文吉《ぶんきち》の家《うち》へ小太郎《こたろう》が遊びにきて、
絵本を見ておりました。
しばらくして文吉は母に呼ばれたので、
急いで絵本をまたいで行きました。
母は用を言いつけたあとで、
「ものをまたいだり踏んだりするような
不作法なことをしてはなりません。」
と言って聞かせました。

『尋常小学修身書 第三期 巻二』

昭和35年生まれの私は、両親から「ものをまたぐことは不作法である」としつけられました。父親は大正末に生まれ、『修身書』を学んだ世代です。

不作法とは、礼儀作法にはずれることです。礼儀作法を守る意義は、自身の行動をコントロールできるようになることだと思います。

ものをまたいで行くほうが最短距離になります。それをわざわざ回って行くのは、自分が楽な方法をあえて我慢して体と心をコントロールするということです。それを続けていくうちに、粗暴な人間性が徐々に改善され、自分自身を整える練習になっているわけです。

ものを大切にする心を養う

私は、『なぜ本を踏んではいけないのか――人格読書法のすすめ』（草思社）という本を書いたことがあります。

ものを踏まないことは、ものを大切にすることにつながります。「畳の縁《へり》を踏まない」「枕を足で踏まない」という作法は、まわりのものすべてをぞんざいに扱わないことであり、全体に対して配慮することだと思います。その行動は、人から見ても気持ちよく映ります。

さらに、本を踏んではいけないことには、もっと深い理由があります。

それは、本には〝人格〟があるからです。

著者は心をこめて本を書いています。本を踏むことは、著者の尊厳を踏みにじるに等しい行為だと思います。本を、重要なことを教えてくれる師匠として敬い、読むことによって、その教えが深く身につくのです。

教育

子《こ》に教《おし》えざるは父《ちち》の過《あやま》ち、学《がく》の成《な》らざるは子《こ》の罪《つみ》

［現代語訳］

子に教育を与えなければ、その子は愚かなままだ。これはまさしく父の罪である。父が教えたにもかかわらず、その子が無精《ぶしょう》で学問が成就しないのは子の罪である。

『金言童子教』

子どもの教育においては、環境の影響が大きいと思います。

たとえば、ピアノを弾《ひ》く環境を与えてくれる人がいなければ、弾けるようにはなりません。さわったことがなければ弾けないのです。

水泳も同様です。日本では学校教育で水泳の授業がありますから、多くの人はある程度泳げます。しかし、学校で水泳を教えていない国の人たちは、泳げない人のほうが多い。教えられていないものは、なかなかできないのです。

もちろん、芸術やスポーツだけでなく、勉強も同じです。

子どもは放っておいても勝手に育つものだというのは、教育の面においてはあてはまりません。教育環境を整えるのは親のつとめです。

いっぽうで、親が教育環境を整えたにもかかわらず、勉強を怠《おこた》るとなると、それは子どもの責任です。

右の言葉は、親と子の双方に対する戒《いまし》めです。《馬を水辺に導くことはできるが、馬にその気がなければ水を飲ませることはできない》ということわざもあります。

勉強すると人格が練られていく

「受験勉強は、点数を取るための単なる暗記なんだから本当の学問ではない」という意見には疑問を感じます。私は受験勉強を否定しません。

受験勉強は意味ある真剣な学びだと考えます。勉強することを通して人格が練られていくからです。

社会的影響力の大きい人が「大学の勉強なんて不要」と言うと同調する若者もいるでしょう。

しかし私は、学校へ行ける機会があるなら、行って学問をしたほうがよいと思います。いろいろと知見が広がりますし、就職などで選択肢の幅も広がるからです。

教育環境という面では、国による低所得世帯に対する支援が拡充し、大学や専門学校等への進学率が上昇したという報告があります。いっぽう、それでも経済的理由で進学を断念せざるを得ない家庭も多いと聞きます。

学ぶ意欲のある子どもたちを支援する取り組みがさらに拡充することを願っています。

孝行

【孝行】

二宮金次郎《にのみやきんじろう》は、家が大そう貧乏であったので、小さい時から、父母の手助けをしました。

金次郎が十四の時、父が亡くなりました。母は暮らしに困って、末の子を親類へ預けましたが、その子のことを心配して毎晩よく眠りませんでした。金次郎は母の心を思いやって、「私が一生懸命に働きますから、弟を連れもどして下さい。」と言いました。母は喜んでその晩すぐに親類の家へ行って、預けた子を連れて帰り、親子一緒に集まって喜びあいました。

孝《こう》は徳《とく》のはじめ。

『尋常小学修身書 第三期 巻三』

二宮金次郎こと二宮尊徳《そんとく》は江戸時代の農政家です。その像は昭和20年以前につくられた学校には必ずあり、現在も数多く残っています。

私にとっても、金次郎は懐かしい存在です。小学生のときに一年間、金次郎の像のまわりを竹ぼうきで掃除したのです。窓ふきや他の掃除とは違った楽しさがありました。

私は、薪《まき》（柴《しば》の像もある）を背負って歩きながら本を読む金次郎の影響を受けて、少しお行儀が悪いですが、お風呂でもどこでも四六時中読書をしていました。金次郎から「本を読めないときはない」という教訓を得たのです。

「一家を支える」という意識を持つ

さて、右は「孝行」についての話です。

「私が一生懸命に働きますから、弟を連れもどして下さい」――胸を打たれる言葉ですね。

当時は貧困のため親戚の家に子どもを預けることがありました。ただ、金次郎のように、自分が一生懸命に働くから弟を連れもどしてほしいと言うのはかなりの覚悟が必要でしょう。

なぜ、孝行をすすめるのか――。それは、子どものときから「一家を支える」という意識を持ってほしいと願ってのことです。

親は必ず年老いていきます。自分はいまは子どもでも、いつかは弱った老親の面倒をみて、一家を支えるときがおとずれます。それは、裕福な家でも貧乏な家でも同じです。

プロ野球で活躍した桑田真澄さんは、「母ちゃんに家買《こ》うたる」と言って投げていたそうです。自分のためだけでなく、親孝行のために頑張ることでエネルギーが出てきます。

祖先を尊ぶ

【祖先を尊《たっと》べ】

稲生《いのう》ハルは毎月一日、十五日、
そのほか祖先の命日には、朝早くから起き、
体を清めて、仏壇の掃除をし、
花をささげ、香をたき、
色々《いろいろ》供えものをしておまつりをしました。
もし人から珍しい果物などをもらうことがあると、
きっと仏壇にそなえました。

『尋常小学修身書 第三期 巻二』

私の実家には大きな仏壇がありました。

毎朝、炊きたてのご飯と茶湯をそなえて、朝食の前に手を合わせました。また、いただきものはしばらく仏壇にそなえてから食べました。それが日常でしたから、受験合格のときなども仏壇のおじいちゃんに報告していました。

家の仏壇には、そこに血のつながった人がいるかのような存在感がありました。

なぜ、祖先を尊ぶのはよいことなのか——。

私は、祖先を尊ぶことによって、自己肯定感が高まるからだと思っています。

祖先を尊いものだとすると、そこから連綿と続いてきた自分という存在も尊いと思えることにつながっていきます。祖先のDNAが流れこんでいる自分も一緒に肯定するわけです。

祖先を尊ぶのは、祖先のためだけでなく、自分のためでもあるのです。

孤独感をやわらげてくれる存在

祖先は孤独感をやわらげてくれる存在でもあります。たとえば、形見の品。それがあることで父や母の魂が生きているような感じがします。そして一緒に生きているんだというふうに思えます。

あるいは、仏壇の前では独り言を言っていても、おかしな人だとは思われません。

音読の宿題や暗唱などを練習する場合には、仏壇の前でやるといいですね。

孫が仏壇のおばあちゃんに「ねぇねぇ、おばあちゃん。今日これを覚えたんだよ」と、学校で勉強したことを報告する。勉強の成果を伝える相手がいると心強く感じますね。

もったいない

【倹約】

徳川光圀《とくがわみつくに》は女中たちが紙を粗末《そまつ》にするのをやめさせようと思い、冬の寒い日に紙《かみ》すき場《ば》を見せにやりました。女中たちは川の上の桟敷《さじき》に居て、寒い風に吹かれながら、紙すき女が水の中で働くありさまを見て帰りました。

そこで光圀は「一枚の紙でも、紙すき女が苦労してこしらえたものであるから、無駄に使ってはならぬ。」と言ってきかせました。

女中たちはなるほどとさとって、それからは紙を粗末にしないようになりました。

『尋常小学修身書 第三期 巻三』

徳川光圀は、ドラマ『水戸黄門』で知られ、歴史上の人物のなかでもとくに老若男女から親しまれている人物です。光圀は、学問振興にも力を注いでおり、教育者としての一面もあります。また、倹約家としても知られています。

これは有名な逸話です。光圀が「紙を粗末にするな」と言い聞かせても、直す女中はわずかだったそうです。そこで、女中たちに〝社会科見学〟を試みたのです。

かつての日本は、「ものを大切にする」「無駄にしない」という精神が浸透した社会でした。SDGs（持続可能な開発のための国際目標）の精神を先取りしていたともいえるでしょう。

「生産現場を見る」という教え

私が小学生のとき、田植えを手伝う授業がありました。長靴で田んぼのなかに入り、苗を一本一本、手で植えていくと、お米を大切にしようという心が芽生《めば》えます。

農家の皆さんが丹精こめてつくったお米ですから、茶碗の米粒はひと粒も残さなくなりました。また、残ったご飯はおにぎりにし、冷やご飯はお茶漬けにするなど、お米を粗末にしない習慣ができました。

製茶工場やミカンの缶詰工場、製鉄所の見学もありました。こうした社会科見学でも、働いている職人さんの苦労があってやっと一つのものが完成していくのだということを目の当たりにしました。

ものの貴重さがわかると、「もったいない」の気持ちが自然に生まれます。生産の現場を見るのは大事なことです。

慈善

【慈善】

昔、羽前《うぜん》の鶴岡《つるおか》に鈴木今右衛門《すずきいまえもん》という慈善の心の深い人がありました。大飢饉《だいききん》の時、田畑をはじめ家の道具まで売って多くの人を助けました。今右衛門の妻も心だてのよい人で、施《ほどこ》しをするために、着物類を売りはらい、晴れ着が二枚だけ残っていましたが、「着替えがなくなって外へ出ることが出来なければ、くしやかんざしの入用《いりよう》もありません。これらの物を金に換えて、もっと多くの人を助けましょう。」と言って、晴れ着とともにくし・かんざしも皆、売ってしまいました。

今右衛門夫婦に十二歳になる娘がありました。ある寒い日、同じ年ごろの女の子が物もらいに来ました。母はそれを見て、娘に「あの子は単《ひと》衣物《えもの》一枚でふるえています。おまえの着ている綿入《わたい》れを一枚やってはどうです。」と言いましたら、娘はすぐに上に着ている方のを脱いでやりました。

わが身をつねって、人の痛さを知れ。

『尋常小学修身書 第三期 巻三』

貧しい環境にいる人のなかには、誰かが助けなければ、そこから抜けだしにくい人もいます。

近年は、「自助努力が大切。貧しい環境にいる人も自分で稼ぐべきであり、それをできないのは自己責任である」と、声高に言う政治家や企業人もいます。

そうでしょうか――。たとえば、体が弱いとか、学歴が条件とか、何らかの理由で就職に足かせがかかる場合はどうでしょう。自分で何とかしろといわれても、なかなか身動きがとれないと思います。情報も足りないので自分ではどうしたらいいのかよくわからないと、困り果てている人もいるのです。

社会が手を差し伸べる必要があります。おぼれかけている人に「自力で陸《おか》まで泳いできなさい」と言っても難しいのと同じです。

そこで用意されているのが、生活保護やハローワークなどのセーフティーネットです。これらは税金で運営されています。個人的に多額の寄付ができずとも、〝納税〟の義務を果たすことで、結果的に生活に困っている人に対して貢献しています。

心に痛みがあるくらいの援助をする

右の文末にある《わが身をつねって、人の痛さを知れ》とは、慈善の心得を説いています。「自分の身をもって他人の苦痛を知れ」ということです。

また、自分の心にちょっと痛みを感じるくらいでなければ、ただの憐《あわ》れみであり、かえって相手の自尊心を傷つけてしまうでしょう。

公益

【公益】

昔、羽後《うご》の海辺の村々では、暴風が砂を吹き飛ばして、家や田を埋《うず》めることが度々《たびたび》ありました。栗田定之丞《くりたさだのじょう》という人が、或《ある》郡の役人であった時、その害を除こうといろいろ工夫しました。

先《ま》ず海辺の風の吹く方に、藁束《わらたば》を立てつらねて砂を防ぎ、その後ろに、柳や、ぐみの枝を挿させましたら、皆、芽を吹くようになりました。

そこでさらに松の苗木を植えさせました。それがしだいに大きくなって、ついに立派な林になりました。

その後、定之丞はほかの郡の役人になりましたが、そこでもこの事を土地の人にすすめました。はじめは激しい反対を受けたけれども、いろいろとさとし、自分が先に立って働いたので、また松林が茂るようになりました。

定之丞は十八年の間もこの事に骨折りました。

そのために風や砂の憂《うれ》いがなくなって、麦・粟《あわ》などの畑《はた》もところどころに開け、又、松露《しょうろ》や、初茸《はつだけ》も生ずるようになりました。

この地方の人々は今日までもその恩をありがたく思い、定之丞のために栗田神社という社《やしろ》をたてて、年々のお祭《まつり》をいたします。

『尋常小学修身書 第三期 巻四』

栗田定之丞は、江戸後期の久保田藩士です。久保田藩は現在の秋田県にあたります。日本海に面した秋田県の海岸線は約２６０キロにも及び、秋から春にかけてシベリアからの季節風が絶え間なく吹きつけるそうです。

その飛砂《ひさ》の被害に苦しむ人々のために立ち上がったのが定之丞でした。

彼は研究に研究を重ね、右にあるように栗田方式の植林法「塞向法《さいこうほう》」を考案しました。ここで大事なのは、定之丞はその場しのぎではなく、十数年後を見据えて取り組んだことです。それが、本当の意味での「公益」といえるでしょう。

松の砂防林に守られた地元の人々は、定之丞の遺徳をたたえ、１８５７年に栗田神社を建立し、「栗田大明神」「公益の神」として祀《まつ》りました。

人が神様になる日本

日本には、優れた業績を残した人を神として祀り、その業績を後世に伝える「人神《ひとがみ》」の信仰があります。

豊臣秀吉（豊国大明神《とよくにだいみょうじん》）、徳川家康（東照大《とうしょうだい》権現《ごんげん》）、乃木《のぎ》神社に祀られる乃木希典《まれすけ》大将夫妻などが有名です。また、江戸前期の義民（義のため一身を投げだして民衆に尽くした人）、佐倉惣《さくらそう》五郎《ごろう》も神として祀られています。

キリスト教のように絶対神を信仰する世界では、人を神様として祀ることはありません。

小学校では郷土学習をします。そこで郷土の発展に尽くした人やその功績を学びます。大人になったいまだからこそ、郷土の歴史を学びなおしてみると違う発見を得られるでしょう。

進取の気性

【進取の気性】

小左衛門が製茶・製糸の業を始めたのは、横浜の港が開けた頃で、外国では茶や生糸《きいと》がたくさんいることに目をつけたからであります。

小左衛門は先ず茶の実を蒔《ま》いて、培養《ばいよう》の仕方を研究し、製茶の法にも工夫を積んだので、数年の後には、たくさんの茶が出来るようになりました。又、其《そ》の地方の人々にも茶の木を植えることを勧《すす》めました。

小左衛門は又、桑《くわ》を植えて蚕《かいこ》を飼い、製糸の業を興しました。初《はじめ》は僅《わず》か二人の工女を雇い、手ぐりで糸をとらせていましたが、次第に人数を増《ふや》して仕事を大きくしました。しかし、手ぐりではどうしてもよい品が出来ないので、機械で糸をとることを思い立ちました。

そこで機械の使用に熟練した人を雇い入れようと思って、あちこちと探したがなかなかありませんでした。其《そ》の上、製糸に経験ある人たちは、「新しい機械で糸をとるのは、利益が少ないから、始めない方がよい。」と言ったが、小左衛門は、「これまでの仕方では、とても外国に向く品は出来ない。」と言って、新しい機械を据えて、生糸を製することを始めました。しかし慣れないので、よい品が出来なくて損をしました。

そこで小左衛門は上野《こうずけ》の富岡《とみおか》に行って、製糸法を調べて帰り、また機械を改め、其の数を増して、熱心に仕事に励んだが、やはりよい品が出来ず、また損をしました。

小左衛門は進取の気性に富んでいるから、少しもそれに屈せず、新しい蒸気機械をそなえ、又親類の者を富岡にやって製糸法を習わせ、一生懸命に改良をはかりました。かように苦心に苦心を重ねた末、とうとう外国商人等もほめる程の、よい品が出来るようになりました。又その為に、この地方の製糸の業もだんだん盛《さかん》になりました。

『尋常小学修身書 第三期 巻五』

右に登場する伊藤小左衛門《こざえもん》は、三重県四日市市の基礎をつくった企業家です。進取の気性に富み、幕末から明治初期にかけて、貿易を重視し産業の近代化を推進したことで知られます。

小左衛門のように新しいものを取り入れてチャレンジ、工夫していくことを「イノベーション」といいます。

日本人は古来、伝統を重視すると思っていますが、イノベーションにも長《た》けています。明治維新後には丁髷《ちょんまげ》をさっさと切って数百年続いた武士をやめ、西洋化を推進しました。また、戦中はアメリカ・イギリスを敵視していたのに、敗戦後はあっという間に生活様式がアメリカナイズされました。

こうした変わり身の早さはけっして悪いことではなく、時代に即応しているということです。

『おじいさんのランプ』

昭和初期の児童文学作家、新美南吉《にいみなんきち》の『おじいさんのランプ』という童話があります。

蔵で古いランプを見つけた本屋の東一《とういち》がおじいさんから聞いた、ランプ屋の巳之助《みのすけ》の話です。

巳之助は、町で、生まれて初めて見たランプに心を奪われ、村のランプ屋として身を立てました。商売は順調でしたがあるとき、村に電気が引かれることになり、取り乱します。しかし、ランプはもはや古い道具になったことに気がついた巳之助は、泣きながらランプを割ってしまい、皆に役立つ新商売として本屋を始めました。東一が見つけたのは唯一残ったランプでした。

これは、世の中が進んだことを恨《うら》んだりせずに、新しいものを受けいれる柔軟性が大事だという教訓です。

肚《はら》

【物ごとにあわてるな】

毛利吉就《もうりよしなり》の奥方が住んでいた屋敷の近所に火事がありました。家来の人々は驚いて「早くお立ちのきになるように。」とすすめました。

その時、奥方は人々のあわてるのをとどめ、「まず、めいめいが大切にするものを片づけよ。あわててこちらからも火を出すことのないように、火のもとに気をつけよ。立ちのく時には女こどもは自分と一緒に行くようにせよ。」と指図をしました。

人々はその落ち着いた指図に励まされ、力を合わせて火を防ぎましたので、屋敷は無事に残りました。


『尋常小学修身書 第三期 巻三』

ものごとにあわてない人は、肚《はら》のすわった人です。

肚のすわった人は緊急事態でもあわてず、冷静にものごとを正しく判断できます。逆に肚がすわっていない人は、あわてふためいて、判断を誤りやすくなります。

第二次世界大戦前後に、日本に滞在していたドイツの哲学者カールフリート・デュルクハイムは、日本人の生活意識のなかにある〝肚〟に着目し、このように述べています。

「日本人は、『肚が据わっている』と言うときには、その人の心の『安定したさま』、突き崩せないような心の落ち着きや、広い感受性のある自由を思い浮かべるだけでなく、それによって与えられる、状況に応じた、敏速で目的にかなった迫力を思い浮かべる。」（『肚――人間の重心』麗澤大学出版会）

つまり、肚にしっかりと精神があると、落ち着きが出て冷静な判断力が維持される、ということです。

上がった気を一気に下げる

緊急事態にあわてない最善の方法は、呼吸にあります。

冷静になるためには、腹式呼吸（丹田《たんでん》呼吸）で、ひと息ゆっくりと鼻から吸って、ゆっくりと口から吐きます。そうすることで、上がっていた気（浮《うわ》ついた気持ち）がスーッと下がって、落ち着きをとりもどせます。

臍《へそ》の下のあたりを「臍下《せいか》丹田」といい、全身の気力の集まるところとされます。

智《ち》仁《じん》勇《ゆう》

智者《ちしゃ》は惑《まど》わず、仁者《じんしゃ》は憂《うれ》えず
勇者《ゆうしゃ》は懼《おそ》れず、学《がく》を好《この》むは知《ち》に近《ちか》し

［現代語訳］
真にものごとを知っている者は何ごとにも迷うことがない。徳をそなえた者は何ごとにも心配することがない。勇気をそなえた者は何ごとにも恐れることがない。智者になるには、まず学問に励まなければならない。

『金言童子教』

孔子《こうし》が、理想とする人物像として掲げたのが「智仁勇《ちじんゆう》」です。『金言童子教』でも、徳の基本である「智仁勇」を深く学んでいくことを主目的としていました。それがかつての日本教育のあり方だったのです。

智者＝判断力
仁者＝誠実さ
勇者＝行動力

この三つの資質をそなえている人は、バランスがよい人であり、筋の通った生き方ができる人です。

何かがうまくいかないときは、「智仁勇」のどれかが足りないのです。一つが欠けた状態を考えるとよくわかります。

「判断力があり誠実だけど、行動力のない人」

「判断力があり行動力もあるけど、誠実さがない人」

「誠実で行動力もあるけど、判断力に欠ける人」

いずれも、人間としての基本ができていないと感じますね。

智仁勇を自身に問いかけながら暮らす

私は専門分野の「身体論」から、智仁勇はそれぞれ体のどこにあるのか、場所を決めました。

「智」は、おでこの奥です。大脳の前側を「前頭《ぜんとう》前野《ぜんや》」といいます。ここは、記憶や感情の制御、行動の抑制など判断力をつかさどる場所です。

「仁」は、胸、ハートです。誠実さ、真心といえば、全世界的にハートを指します。

「勇」は、臍下丹田《せいかたんでん》です。臍《へそ》の下のあたりに勇気の場所があると考えます。つまり、〝肚《はら》〟に勇気＝行動力があります。

「智仁勇」それぞれの場所に手のひらを当て、そなわっているかチェックしてみてください。

おでこに手を当て、「自分は正しい判断をしているか」。胸に手を当て、「誠実に対応しているか」。臍の下に手を当て、「信念を持って行動しているか」——一つずつチェックしてみると、自分の状態がわかります。

日常生活でもビジネスシーンでも、何かをやろうとする前に、「智、よし。仁、よし。勇、よし」と、落ち着いて手を当ててみてください。いま以上に、勇気が出て、自分に自信を持った行動ができるはずです。

賢《けん》聖《せい》

大賢《たいけん》は愚《おろ》かなるが若《ごと》し、
大仁《だいじん》は不仁《ふじん》なるが若《ごと》し

［現代語訳］
本当に賢い人が愚かに見えることがあるように、本当に思いやりの心が深い人は、思いやりがないように見えることがある。

『金言童子教』

賢聖《けんせい》（賢人・聖人）――知恵と道徳を兼ねそなえた人について教えています。

頭の回転が速くても、口ばっかり上手で徳がない《巧言令色鮮し仁《こうげんれいしょくすくなじん》》の人もいます。

多くの人は賢聖にはなれないでしょう。

しかし、たとえなれないとしても、そのイメージを持つことが大切であり、目指すべきところが定まります。

本章のはじめに宮澤賢治の『雨ニモマケズ』を紹介しました。賢治の言う「デクノボー」は、一見愚かに見えるけれど、「よく見聞きし分かり／そして忘れず」という賢い人間です。

坂本龍馬《りょうま》は、西郷隆盛と初めて会ったあと、勝海舟《かつかいしゅう》に西郷の人物像を聞かれて、

「西郷というやつは、わからぬやつでした。釣鐘にたとえると、小さく叩《たた》けば小さく響き、大きく叩けば大きく響く。もし、バカなら大きなバカで、利口なら大きな利口だろうと思います」

と答えました。

龍馬は、西郷という人物は大きすぎて自分にはわからない、と感じたのです。

その後、勝と西郷は直談判をして〝江戸城無血開城〟を実現させました。明治維新のいちばんの柱は西郷隆盛なんですね。

西郷は鋭い洞察力《どうさつりょく》で明治維新の動向を見据えていました。それでも、周囲にはそうは感じさせず、茫洋《ぼうよう》とした態度で終始していました。

大きく賢い人というのは、愚かに見えるほど、遠くを見ているということでしょう。

本当に思いやりのある人とは

《大仁は不仁なるが若し》は、《良薬口に苦し》ということわざにも通じます。

私は学生時代に、厳しくてイヤだなぁと思っていた先生がいました。

ところが社会人になって社会にもまれてみると、あのときの厳しさが自分のためになっていたんだと思うことがあります。私たちの30年後を思って、心を鬼にして言ってくれていたその先生の厳しさこそ、本物の優しさだったのです。

本当に思いやりのある人は、その人のためを思っているので、むやみに情けをかけない。だから、一見冷たい人に見えるのです。

義

表《おもて》正《ただ》しきときは影《かげ》正《ただ》し、盤円《ばんまど》かなるときは水円《みずまど》かなり

［現代語訳］
姿勢正しいときは影も曲がることがない。水を入れる器が丸ければ水も丸くなる。自身のおこないを正しくしていれば、何ひとつ恐れることはない。

『金言童子教』

義とは何か——。「義」は、訓《くん》読みで「よい」、「ただ-しい」とも読みます。昔は「義しい」を「ただしい」と読むのがふつうでした。

本来、「正しい」は事実として間違いないことであり、「義しい」は人が踏みおこなうべき道、道理にかなっていることです。

名前には親の願いがこめられているものです。ひと昔前は「正義《まさよし》」「義男《よしお》」「一義《かずよし》」「義子《よしこ》」などの名前の人がたくさんいました。「義」の字が名前についた人は、人の道に反することをするときに、名前がブレーキになります。名前は意識に影響を与えます。

いまでは、大学生の名簿を見ても「義」の字のつく人は少ないですね。昨今のキラキラネームを見ていると、親の願いの変容を感じます。

慎重を重ねて、相手を思いやる

《表正しきときは影正し》の言葉は、「身を律していれば、何ひとつ恐れることはない」と教えています。

「身を律する」とは、けっして義に反することはしない、ということです。

そして、そのための言動の注意点として、《三《み》度《たび》思《おも》いて一度《ひとたび》言《い》え、九度《ここのたび》思《おも》いて一度《ひとたび》行《おこな》え》——慎重に慎重を重ねることで大きな間違いを犯すことはない、と教えます。

思ったことをすぐに口に出したり行動すると、相手を傷つけたり、誤解を招くこともあります。慎重になることは、相手を思いやること、それこそが〝義しい道〟です。

上場企業の役員などをつとめる私の友人たちを見ていると、彼らは慎重すぎるほどに身を律しています。飲食の席でも深酒することは皆無です。万一、酒に酔って失態を演じたら社の信用に関わるからです。

また《盤円かなるときは水円かなり》とあるように、水は容器によってどんな形にもなることができます。同様に、自身の言動が義しければ、他から受ける言動も義しいものになります。

老子《ろうし》は、《上善水《じょうぜんみず》の如《ごと》し》——最高の善は水のようなものである、と説いています。いろいろな形になれる水は強いということです。

相手を思いやれる人は、相手からも思われている強い人です。

譲りあい

身《み》を終《お》わるまで路《みち》を譲《ゆず》りても、
百歩《ひゃっぽ》を枉《ま》げず
身《み》を終《お》わるまで畔《くろ》を譲《ゆず》りても、
一段《いったん》を失《うしな》わず

［現代語訳］
人に道を譲ったとしても、一生のうちに100歩までの損はない。ゆえに道を譲ること。畔（田畑の境）を人に多く譲ったとしても、一生のうちに1反《たん》（10畝《うね》）までの損はない。ゆえに何ごとも譲る気持ちが大事である。

『金言童子教』


『金言童子教』では、上記の言葉を「善を行《おこな》う」というテーマで教えています。

「善を行う」というと、何か大きなことをしなければならないように感じますが、ちょっとした善を心がけるだけでよいのです。

たとえば、コンビニエンスストアの店先に自転車が倒れていたとします。自分が倒したわけではないのですが、それを起こしてあげると、気分がよくなるものです。

あるいは、道端に落ちている片方の手袋を見つけ、そばの塀や垣根に掛けておくと、「小さな親切をしたな」と心がほっこりします。

日本人の心に根づく譲りあいの精神

昨今、他車の割りこみや追い越しなどに腹を立てた〝あおり運転〟のニュースが多く聞かれます。車は自分の思いどおりに動く鎧《よろい》のようなもので、人は車を運転しているときには気が大きくなる心理傾向があります。よく「ハンドルを握ると性格が変わる」といわれますが、少しでも思いどおりにならないことがあると怒りの感情が現れやすいのです。

自律神経の名医として知られる順天堂大学の小林弘幸教授は「〝お先にどうぞ〟の精神が自律神経を整える」とおっしゃっています。

心の乱れは、自律神経の乱れにつながります。自律神経は、「興奮モード」の交感神経と、「リラックスモード」の副交感神経の2種類に大別されます。交感神経の優位が続くと、興奮したままなので疲れます。副交感神経が優位になると、落ち着いてリラックスできます。

運転していると、先を急いでいる車によく出あいます。そこで我先にと争うと、事故に結びつくことは言うまでもありません。

交差する道路から車が来ていたら、「お先にどうぞ」と相手の車に先を譲ってみましょう。それは、相手のためにやっていることですが、自分のためにもなります。なぜなら「お先にどうぞ」という気持ちを持つだけで自律神経が整い、イライラしなくなるからです。

また、先を急いで運転しても、到着時間がそれほど変わるものではないという実験結果も出ています。リスク回避の意味からも「お先にどうぞ」の精神をおすすめします。

譲りあいの気持ちを大事にしたいですね。

味《み》読《どく》

書《しょ》を読《よ》むには須《すべから》く熟読《じゅくどく》すべし、菜根《さいこん》は須《すべから》く細嚼《さいしゃく》すべし

［現代語訳］
書物は何度も繰り返し読まなければ、論旨《ろんし》が心に響いてこない。ちょうど菜っ葉《なっぱ》や大根なども、よく嚙《か》まなければ本当の味がわからないのと同じように。

『金言童子教』

書物を読めば知識が増えるのはもちろん、人格も磨かれます。

私は学生時代、テニス部に所属していました。私がコートでプレーしていると、見ず知らずのプロテニスコーチが親切に相手をしてくれたことがありました。すると、コーチが相手をしてくれたわずかの時間に、自分がどんどん上手になるのです。コーチの技術を体感することで、それが私に移ったのです。

読書にも同様の効果があります。書物は著者の精神が宿っています。読んでいくことによって、書いた人の精神の気高さが、読んだ者の心に移ってくるのです。

私は、書物の読み方を「速読」と「熟読」の2種類に分けています。

情報系の本は、精神には関わらないので速読でもいいと思います。1日に2~3冊速読する場合もあります。いっぽう、著者の精神を引き継ぐような本は、ゆっくりと熟読します。

明治時代に出版された勝海舟の談話録『氷川《ひかわ》清話《せいわ》』を中学生のときに初めて読み、痛快な語り口と明治維新前後の人間模様に魅了され、何度も熟読しました。その本を1年間持って歩くほどで、大事な言葉は覚えてしまいました。

私は当時の表紙が色あせた『氷川清話』を、いまも座右の書として持っています。

このように1年といわずとも、1カ月でも、じっくりと1冊の本とつきあうというのもよいものです。

お笑いタレントで芥川賞作家の又吉直樹さんは、太宰治の大ファンで、『人間失格』は100回以上読んでいるとおっしゃっていました。

優れた本は、何度読んでも「あぁ、そういうことだったのか」という新たな気づきがあります。繰り返し読むことで響いてくるものがあるのです。

深く味わう「味読」のすすめ

熟読のもう少し踏みこんだ読み方を「味読《みどく》」といいます。深く味わって読むことです。

食事のとき、菜根の消化をよくするために細かくしっかり嚙《か》む。すると、嚙めば嚙むほどに深い味わいが出てきます。細嚼は味読につながっています。

什《じゅう》の掟《おきて》

一、卑怯《ひきょう》な振舞《ふるまい》をしてはなりませぬ
一、弱《よわ》い者《もの》をいじめてはなりませぬ

会津藩『什の掟』

江戸時代、会津《あいづ》藩の子どもたちは、近所の10人前後で「什《じゅう》」という集まりをつくっていました。ここで学んだのが『什《じゅう》の掟《おきて》』という道徳律《どうとくりつ》です。

つまり『什の掟』とは、会津藩士の子弟が、人間として正しく生きるための心構えです。

＊＊＊＊＊＊

一、年長者《としうえのひと》の言うことに背《そむ》いてはなりませぬ
一、年長者にはお辞儀をしなければなりませぬ
一、嘘《うそ》言を言うことはなりませぬ
一、卑怯な振舞をしてはなりませぬ
一、弱い者をいじめてはなりませぬ

一、戸外で物を食べてはなりませぬ
一、戸外で婦人《おんな》と言葉を交えてはなりませぬ
ならぬことはならぬものです

＊＊＊＊＊＊

最後に「ならぬことはならぬものです」と、厳格に戒《いまし》めています。

もちろん、「戸外で婦人と言葉を交えてはなりませぬ」は、いまの時代には通じません。

絶対に守らねばならぬ2訓

『什の掟』のなかでも私がとくに重視するのが、「卑怯な振舞をしてはなりませぬ」「弱い者をいじめてはなりませぬ」の2訓です。

「卑怯なふるまいをしない」は、武士の基本です。卑怯者といわれたら、武士として最大の恥です。

現代人でも同じです。たとえば、人をだましてお金を儲《もう》けるのは卑怯です。卑怯なふるまいをしないことを誰もが柱として持っておくだけで、私たちは暮らしやすくなると思います。

「弱い者をいじめない」も、基本中の基本です。強い者が傍若無人《ぼうじゃくぶじん》にふるまえば、それがいじめであり、弱い者は逃げようがなくなってしまいます。

たとえば、転校生や留学生が来たら、優しくする、話しかけることが大切です。誰も話しかけないとしたら、それはいじめです。戸惑っている人に、ひと声かけること。それが人としてありたい生き方の基本です。

『什の掟』を音読すると、自分の人生に筋を通し、自信を持って生きることができるようになります。

※『尋常小学修身書』『金言童子教』について

『尋常小学修身書』の文章および挿絵は、大正7年から12年に使われた『兒童用　尋常小學修身書　文部省』（『復刻　国定修身教科書　第三期』大空社）から引用・転載しています。

『金言童子教』は、江戸時代の正徳《しょうとく》6年（1716年）に学者の勝田祐義《かつたすけよし》が編さんした寺子屋の教科書です。和漢の金言名句を集めた語録集で、すべてを一行五言二句に書き換え、合計451行902句から成っています。

いずれも原書では旧仮名づかい、旧漢字を使用していますが、編集部にて新仮名づかい、新字にしています。

『復刻　国定修身教科書　第三期』大空社

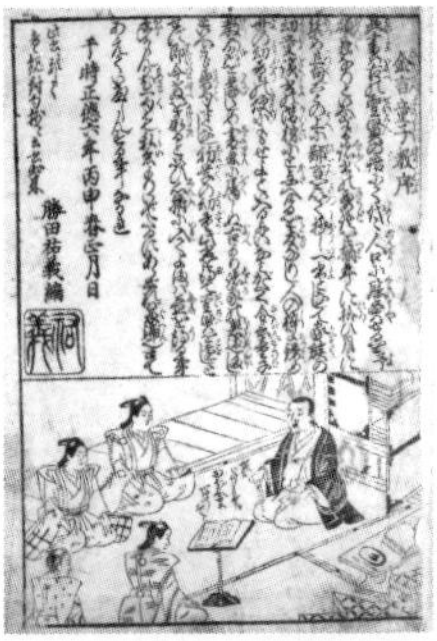

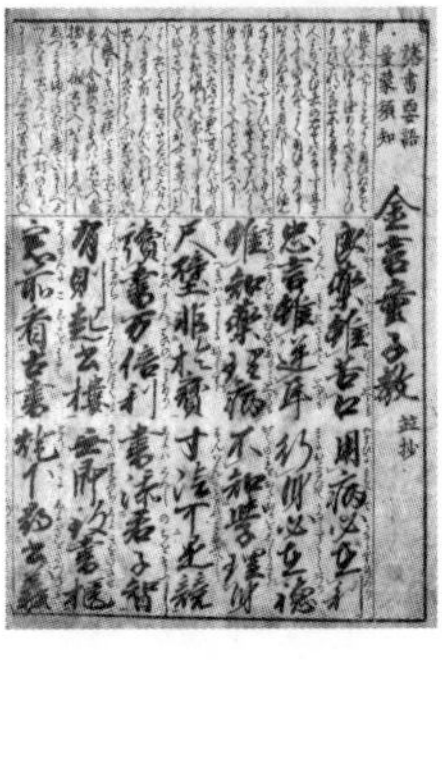

『金言童子教』原本（複写）
東京学芸大学附属図書館所蔵

おもな参考文献（順不同）

『日本人のしきたり』飯倉晴武［編著］／青春出版社

『鳩居堂の日本のしきたり豆知識』鳩居堂［監修］／マガジンハウス

『図解 日本のしきたりがよくわかる本』日本の暮らし研究会／ＰＨＰ研究所

『図解 日本人なら知っておきたい しきたり大全』岩下宣子／講談社

『齋藤孝の覚えておきたい 日本の行事』齋藤孝／金の星社

『慣用 ことわざ辞典』小学館

『故事俗信 ことわざ大辞典』小学館

『故事ことわざ活用辞典』戸谷高明［監修］／創拓社

『日本のことわざを心に刻む』岩男忠幸／東邦出版

『カラー図説 日本大歳時記』（全五巻）水原秋櫻子・加藤楸邨・山本健吉［監修］／講談社

『日本の歳時記――読んでわかる俳句』（全四巻）宇多喜代子・西村和子・中原道夫・片山由美子・長谷川櫂［編著］／小学館

『くらしのこよみ――七十二の季節と旬をたのしむ歳時記』うつくしいくらしかた研究所［編］／平凡社

『日本の歳時記』コロナ・ブックス編集部［編］／平凡社

『日本の３６５日を愛おしむ 特別版』本間美加子／東邦出版

『日本の七十二候を楽しむ 増補新装版』白井明大［文］／有賀一広［絵］／角川書店

『子どもの教養 クイズで学ぼう 季語の世界』齋藤孝／ＮＨＫ出版

『復刻 国定修身教科書 第三期』大空社

『いま、修身を読む』向谷匡史／ぶんか社

『「座右の銘」が必ず見つかる寺子屋の人生訓４５１』齋藤孝／小学館

『大人のための道徳教科書』齋藤孝／育鵬社

『声に出して読む渋沢栄一「論語と算盤」』齋藤孝／悟空出版

『努力は天才に勝る！』井上真吾／講談社

『肚――人間の重心』カールフリート・デュルクハイム／麗澤大学出版会

齋藤 孝（さいとう・たかし）

1960年静岡県生まれ。東京大学法学部卒業。同大学大学院教育学研究科博士課程等を経て、現在は明治大学文学部教授。専門は教育学、身体論、コミュニケーション論。
主な受賞作品に、宮沢賢治賞奨励賞『宮沢賢治という身体』（世織書房）、新潮学芸賞『身体感覚を取り戻す』（NHKブックス）、シリーズ260万部を記録した毎日出版文化賞特別賞『声に出して読みたい日本語』（草思社）などがある。『みずみずしい叙情の日本語』（河出書房新社）、『なぜ日本語はなくなってはいけないのか』（草思社）、『日本人の心はなぜ強かったのか』（PHP新書）など著書多数。NHK Eテレ『にほんごであそぼ』の総合指導もつとめる。

編集　川名由衣（実務教育出版）
編集協力　小松卓郎／小松幸枝
ブックデザイン　黒岩二三（フォーマルハウト）
イラスト（4章除く）　藤本たみこ
校正　川平いつ子
制作進行　澤村桃華（プリ・テック）
出版プロデュース　中野健彦（ブックリンケージ）

あいさつ・しきたり・四季・ことわざ
味わい、愉しむ　きほんの日本語

2023年3月15日　初版第1刷発行

著　者　齋藤 孝
発行者　小山隆之
発行所　株式会社 実務教育出版
〒163-8671 東京都新宿区新宿1-1-12
電話 03-3355-1812（編集）　03-3355-1951（販売）
振替 00160-0-78270

印刷所　文化カラー印刷
製本所　東京美術紙工